新格局
新空间

南宁五象新区打造国家级新区研究

李瑞红 / 著

New Pattern and New Space

Study on Building National New Area
in
Wuxiang New Area of
Nanning

社会科学文献出版社
SOCIAL SCIENCES ACADEMIC PRESS (CHINA)

目　录

前　言

　　国家级新区是由国务院批准设立，承担国家重大发展和改革开放战略任务的综合功能区，是在新的发展背景下，对特定区域的发展做出重新定位，在进一步整合资源的基础上，发挥该区域的潜在比较优势和竞争优势，从而优化产业布局，提升产业能级，提高经济发展的质量和效益。南宁五象新区位于南宁市主城区南部、邕江南岸，是中国－东盟信息港的核心基地和北部湾经济区的核心区域，包括江南区、邕宁区、良庆区的部分区域。五象新区位于《全国主体功能区规划》明确的重点开发区域，规划面积为486平方公里。五象新区区位优势明显，在对外开放合作中具有突出地位。近年来，中国－东盟自由贸易区升级版谈判完成，《区域全面经济伙伴关系协定》（RCEP）谈判稳步推进，中国－中南半岛经济走廊建设取得积极进展，中国－东盟博览会和中国－东盟商务与投资峰会等合作平台的影响力显著提升，南宁市参与澜沧江－湄公河、泛北部湾、粤港澳等经济圈合作的广度和深度不断拓展，形成了联结东盟、对接中南西南地区开放合作的"南宁渠道"。随着国家推进"一带一路"建设力度的持续加大和各国参与程度的不断提高，南宁市在引领中国－东盟"钻石十年"发展中的区位优势日益凸显。同时，中国－东盟信息港南宁核心基地、中国－东盟港口城市合作网络、新加坡（广西南宁）综合物流产业园加快规划建设，这些都为五象新区加快建设国家级新区、打造新的区域增长极、提升开放带动能力等奠定了良好的发展基础。

　　本书采用"总体思考 + 专题研究"的模式，全面综合地分析南宁五象新区打造成为国家级新区应注意的问题，如国家级新区建设经验及发展模式借鉴、战略目标设定、产业功能选择与空间布局、战略任务推进、体制机制创新、先行先试政策选择以及重大项目策划等。本书共分七章，详细论述了五象新区打造成为国家级新区的总体规划，为五象新区成功升级、华丽转身提供了对策建议。

第一章　国家级新区建设经验及发展模式研究

国家级新区建设是实施国家战略、推动深化改革、带动区域发展的重要举措，是承担国家重大发展和改革开放战略任务、落实改革开放政策的战略平台和关键载体。国家级新区建设始于20世纪90年代初上海浦东新区的开发，目前已有18个国家级新区获得批复建设。国家级新区建设属于国家级战略，由国家统一规划和审批，享有国家特殊优惠政策，鼓励制度创新，结合产业发展特征和区位优势，打造基础设施完善、功能齐全、产业集聚、人口密集、产城融合、辐射带动周边发展的现代新区。

一　国家级新区建设回顾

国家级新区最早可以追溯到1980年深圳、珠海、厦门、汕头4个经济特区的设立，40年的发展证明这是推动地区发展的成功经验。1992年国家批准设立的上海浦东新区是我国第一个国家级新区，2006年5月天津滨海新区上升为国家级新区。2010年国家再次启动国家级新区建设，重庆两江新区、浙江舟山群岛新区、兰州新区、广州南沙新区、陕西西咸新区、贵州贵安新区、青岛西海岸新区、大连金普新区、四川天府新区、湖南湘江新区、南京江北新区、福州新区、云南滇中新区、哈尔滨新区、长春新区、江西赣江新区等国家级新区陆续设立，截至2016年12月，国家级新区数量达到18个。从发展效果来看，国家级新区在引领和带动区域经济发展、扩大对外开放合作、创新体制机制等方面发挥了重要作用。国家级新区建设时间轴见图 1–1。

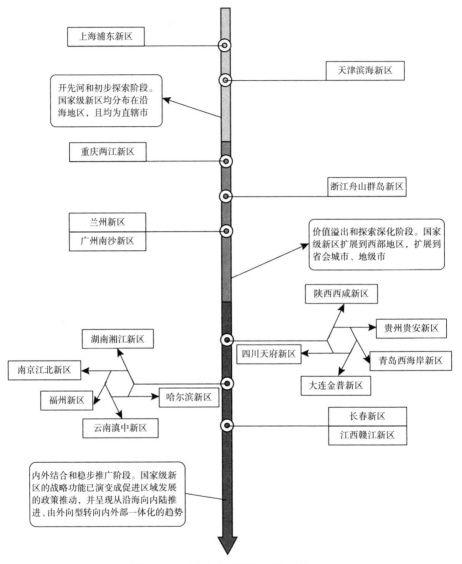

图 1–1 国家级新区建设时间轴

从国家级新区发展过程看，大致可以分为以下三个阶段。一是开先河和初步探索阶段。1992 年上海浦东新区的设立正式开了国家级新区建设之先河。上海浦东新区设立以来，对上海市及整个长江经济带的发展起到了重要的带动作用；天津滨海新区的设立对带动北方经济发展产生了重大影响，改变了经济发展速度"南快北慢"的格局。二是价值溢出和探索深化阶段。2010年以后，随着重庆两江新区、浙江舟山群岛新区、兰州新区和广州南沙新区的设立，国家级新区增加到6个，呈现快速增长的态势，新区布局也扩展至西部地区，新区建设目标更加多元。三是内外结合和稳步推广阶段。2014年以来，陕西西咸新区、贵州贵安新区、青岛西海岸新区、大连金普新区和四川天府新区等国家级新区的获批呈现稳步推广的态势，国家级新区增加至18个。国家级新区的战略功能已从最初的国家级开放试点演变成促进区域发展的政策推动，呈现从沿海向内陆推进、由外向型转向内外部一体化的趋势。与此同时，国家级新区发展的功能定位将更多地结合地区经济发展需求，更多地从带动区域发展的角度出发，着力提升服务区域发展的能力。

从国家级新区建设历程来看，18个国家级新区的创建都是适应经济社会发展形势的战略需求，具有较强的共性特征。一是国家级新区的发展定位必须充分融入国家区域战略思想。如兰州新区的创建就是适应"丝绸之路经济带的黄金段"的国家战略发展需要，其定位为西北地区重要的经济增长极、国家重要的产业基地、向西开放的重要战略平台和承接产业转移的示范区，带动甘肃及周边地区发展，充分体现了国家区域发展战略和地方经济发展诉求。二是国家级新区要依托港口、机场、保税港区等重要交通枢纽，以达到人流、物流、信息流集聚发展的目的。如上海浦东新区、天津滨海新区、四川天府新区等的交通配套设施完善，物流通畅，实现了信息共享。三是通过国家级新区建设，带动所在省份乃至更大范围的经济社会发展。如天津滨海新区的定位是依托京津冀、服务环渤海、辐射"三北"、面向东北亚，努力建设成为我国北方对外开放的门户、高水平的现代制造业和研发转化基地、北方国际航运中心和国际物流中心，这就要求天津滨海新区不仅要带动天津市的经济发展，而且要带动河北省乃至整个环渤海经济圈的经济发展。四是国家级新区建设要有助于实现所在城市的空间拓展和老城疏解。从上海浦东新区建设开始，国家级新区普遍具有疏解老城人口、住房、交通、用地等压力的功能，适应所在城市发展空间拓展的需要。

此外，目前还有武汉光谷新区、郑州郑东新区、江西昌九新区、沈阳沈北新区、新疆兵团乌昌新区等城市新区提出创建国家级新区的目标，国家级新区建设已经成为拉动地方经济增长的牵引力、加快经济转型升级的重要引擎，成为推动区域合作、综合改革、城市发展、产业升级的重要平台和载体。

二 国家级新区建设的基本原则和功能定位

（一）基本原则

自国家级新区建设以来，各新区相继发布了规划或实施方案，提出了各自的建设原则，综合各国家级新区的建设经验，国家级新区应遵循以下建设原则。

第一，要坚持规划先行、有序开发的原则。在国家级新区规划建设阶段，要充分对接并严格落实土地利用总体规划、城乡规划和新区规划要求，制定新区总体规划和专项规划，明确新区发展的战略目标、布局重点、任务方向等。在新区基础设施配套上，提出合理可行的开发方向、推进时序和管控措施，进而辐射带动周边区域发展。

第二，要坚持产城融合、协同发展的原则。国家级新区的建设必须统筹考虑产业培育、人口集聚与城市建设的空间布局，促进各类先进要素资源向新区流动集聚。积极完善基础设施，建立健全公共服务体系，合理控制开发强度，加大生态保护力度，不断改善区域环境质量，推动新区成为产城融合、宜居宜业的优质区域。

第三，要坚持节约集约、高效利用的原则。在国家级新区建设过程中，要合理开发土地、水、海域等资源，增强资源保护意识，切实提高资源利用效率。在充分考虑新区资源环境承载能力的基础上，优化布局主导产业、配套产业，促进特色优势产业集聚，发挥更大的规模效应。推动新区发展知识技术密集、资源消耗少、成长潜力大、综合效益好的新兴产业。在新区基础设施配套上，要秉承绿色生态理念，推动资源节约利用。

第四，要坚持改革引领、创新创业的原则。国家级新区是创新创业的功能新区，要充分发挥新区在综合改革、体制创新上先行先试的政策优势，建立高效便利的行政管理机制，构建现代社会治理体系，推动商事制度改革，优化营商环境。积极鼓励"大众创业、万众创新"，搭建更多创客平台，并完善创新容错机制，积累可复制、可推广的先进发展经验，带动新区成长。

总体而言，国家级新区建设要充分对接国家区域发展战略，围绕"一带一路"倡议以及京津冀协同发展、长江经济带、东北振兴等重大国家战略的总体布局，认真落实新区总体方案和发展规划，突出体现落实国家重大改革发展任务和体制机制创新的试验示范作用，加快集聚特色优势产业，推动产城融合和新型城镇化建设，提高资源利用效率，推动新区绿色生态建设，改善生态环境质量，提升新区整体发展实力，力争在带动区域发展中发挥更大的示范带动作用。

（二）功能定位

总体来看，国家级新区在建设过程中要立足区位、交通、政策、要素等优势，扩大新区全方位开放合作，推动综合试验改革，保持经济增长速度长期领先于所在省份的总体水平，提升经济发展质量，扩大经济规模，提高产城融合发展能力，辐射带动周边区域发展。国家级新区作为拉动地区经济增长的新引擎、体制机制改革和创新的平台、扩大开放合作的新窗口和统筹城乡区域发展的重要功能区，是国家实施"一带一路"倡议以及长江经济带、西部大开发、东北振兴、京津冀协同发展等重大国家战略的重要支撑点。

1. 体现国家战略

国家级新区建设必须首先服务于国家战略，要在国家战略体系中确定自身发展定位。从现有国家级新区的发展定位来看，部分国家级新区承担着国家层面的战略使命，如上海浦东新区的开发对长江经济带乃至全国经济都具有重要影响，天津滨海新区的开发对我国北方对外开放发展具有重要的战略意义，浙江舟山群岛新区则是我国海洋综合开发试验区，对探索海洋经济发展具有重要意义。但更多的新区在战略定位上往往更突出其在本省份经济社会发展中的重要带动作用，进而服务国家战略，如贵州贵安新区、福州新区、云南滇中新区、哈尔滨新区、长春新区、江西赣江新区等。研究发现，早期成立的新区往往凸显其国家层面或区域层面的战略定位，新成立的新区则更多突出服务本省份发展的战略定位，尤其是第三阶段成立的国家级新区表现尤为明显。

2. 推动综合改革

从 18 个国家级新区的功能定位和发展目标来看，相当一部分国家级新区突出改革先行区的发展定位，尤其是上海浦东新区、重庆两江新区、贵州贵安新区、大连金普新区、福州新区、云南滇中新区、哈尔滨新区和长春新区等国家级新区在功能定位上突出改革先行，丰富改革经验，以达到促进经济社会可持续健康发展的目的。此外，其他国家级新区在功能定位和发展目标上均突出强调综合改革、专项改革的发展方向。随着国家"四个全面"战略的深入实施，国家级新区将在"全面深化改革"中承担更多历史使命，强化责任担当意识，释放更多改革红利，服务于"四化同步"建设。

3. 优化区域发展

国家级新区建设的一个重要目的在于优化区域发展格局，从 18 个国家级新区的空间分布情况可以看出，国家级新区总体分布较为分散，南方多于北方，东部地区多于西部地区，目前尚无一个省份拥有两个国家级新区。东部地区共有 10 个国家级新区，中部地区有 2 个国家级新区，西部地区有 6 个国家级新区。这一分布特征与我国的人口分布、经济社会发展情况总体上相符。为加快西北地区发展，国家批复建设兰州新区、陕西西咸新区；为加快东北振兴，国家批复建设大连金普新区、哈尔滨新区和长春新区。随着国家级新区发展进入内外结合和稳步推广阶段，国家级新区将逐渐向各个省份扩展，在统筹城乡区域发展、全面建成小康社会等方面发挥更大的作用。

4. 打造开放窗口

国家级新区是我国扩大对外开放的重要门户，改革开放的成功经验表明，只有不断深化对外交流合作，才能赢得发展的主动。国家级新区在我国开放战略中发挥了不可估量的作用，一方面源自国家级新区大多是自由贸易区、综合保税区、保税物流区等重要的对外开放功能区，另一方面源于国家级新区在政策、要素、体制机制等方面拥有的特殊优势，对投资主体具有极大的吸引力，是发展外向型经济的重要支撑。国家级新区是扩大对外开放、实现内外联动发展的重要载体和平台，典型国家级新区发展定位、发展目标及发展模式见表 1 - 1。

表 1 - 1　典型国家级新区发展定位、发展目标及发展模式

序号	名称	批复设立时间	发展定位及发展目标	发展模式
1	上海浦东新区	1992 年 10 月	围绕建设成为上海国际金融中心和国际航运中心核心功能区的战略定位，在强化国际金融中心、国际航运城市的环境优势、创新优势以及枢纽功能、服务功能方面，积极探索、大胆实践，努力建设成为科学发展的先行示范区、"四个中心"(国际经济中心、国际金融中心、国际贸易中心、国际航运中心)的核心区,综合改革的试验区、开放和谐的生态区	沿海开放主导模式

续表

序号	名称	批复设立时间	发展定位及发展目标	发展模式
2	天津滨海新区	2006 年 5 月	建设成为我国北方对外开放的门户、高水平的现代制造业和研发转化基地、北方国际航运中心和国际物流中心,逐步成为经济繁荣、社会和谐、环境优美的宜居生态型新城区	资源整合模式
3	重庆两江新区	2010 年 5 月	建设成为统筹城乡综合配套改革试验的先行区,内陆重要的先进制造业基地和现代服务业基地,长江上游地区的经济中心、金融中心和创新中心等,内陆地区对外开放的重要门户,科学发展的示范窗口	城乡一体化模式
4	浙江舟山群岛新区	2011 年 6 月	围绕浙江海洋经济发展先导区、海洋综合开发试验区、长江三角洲地区经济发展重要增长极的战略定位,建设成为中国大宗商品储运中转加工交易中心、东部地区重要的海上开放门户、中国海洋海岛科学保护开发示范区、中国重要的现代海洋产业基地和中国陆海统筹发展先行区	海洋经济发展模式
5	兰州新区	2012 年 8 月	建设成为西北地区重要的经济增长极、国家重要的产业基地、向西开放的重要战略平台和承接产业转移的示范区,带动甘肃及周边地区发展,深入推进西部大开发,促进我国向西开放	资源整合模式
6	广州南沙新区	2012 年 9 月	建设成为粤港澳优质生活圈和新型城市化典范、以生产性服务业为主导的现代产业新高地、具有世界先进水平的综合服务枢纽、社会管理服务创新试验区,打造粤港澳全面合作示范区	区域一体化模式

序号	名称	批复设立时间	发展定位及发展目标	发展模式
7	陕西西咸新区	2014 年 1 月	推进西安、咸阳一体化进程,把西安建设成为富有历史文化特色的现代化城市,拓展我国向西开放的深度和广度,建设成为我国向西开放的重要枢纽、西部大开发的新引擎和中国特色新型城镇化的范例	区域一体化模式
8	贵州贵安新区	2014 年 1 月	把建设贵州贵安新区作为深入实施西部大开发战略、探索欠发达地区后发赶超路子的重要举措,努力建设成为经济繁荣、社会文明、环境优美的西部地区重要的经济增长极、内陆开放型经济新高地和生态文明示范区	资源整合模式
9	青岛西海岸新区	2014 年 6 月	把建设青岛西海岸新区作为全面实施海洋战略、发展海洋经济的重要举措,建设成为海洋科技自主创新领航区、深远海开发战略保障基地、军民融合创新示范区、海洋经济国际合作先导区、陆海统筹发展试验区	海洋经济发展模式
10	大连金普新区	2014 年 6 月	建设成为我国面向东北亚区域开放合作的战略高地、引领东北地区全面振兴的重要增长极、老工业基地转变发展方式的先导区、体制机制创新与自主创新的示范区、新型城镇化和城乡统筹的先行区	海洋经济发展模式
11	四川天府新区	2014 年 10 月	建设成为以现代制造业为主的国际化现代新区、内陆开放经济高地、宜业宜商宜居城市、现代高端产业集聚区、统筹城乡一体化发展示范区	城乡一体化模式
12	湖南湘江新区	2015 年 4 月	建设成为高端制造研发转化基地和创新创意产业集聚区,产城融合、城乡一体的新型城镇化示范区,全国"两型"社会建设引领区,长江经济带内陆开放高地	资源整合模式

续表

序号	名称	批复设立时间	发展定位及发展目标	发展模式
13	南京江北新区	2015 年 6 月	建设成为自主创新先导区、新型城镇化示范区、长三角地区现代产业集聚区、长江经济带对外开放合作重要平台	产城融合模式
14	福州新区	2015 年 9 月	努力培育新的经济增长极,与平潭综合实验区实现一体化发展,建设成为两岸交流合作重要承载区、扩大对外开放重要门户、东南沿海重要现代产业基地、改革创新示范区和生态文明先行区	区域一体化模式
15	云南滇中新区	2015 年 9 月	努力打造成我国面向南亚东南亚辐射中心的重要支点、云南桥头堡建设重要经济增长极、西部地区新型城镇化综合试验区和改革创新先行区	资源整合模式
16	哈尔滨新区	2015 年 12 月	建设成为中俄全面合作重要承载区、东北地区新的经济增长极、老工业基地转型发展示范区和特色国际文化旅游聚集区	资源整合模式
17	长春新区	2016 年 2 月	建设成为创新经济发展示范区、新一轮东北振兴的重要引擎、图们江区域合作开发的重要平台、体制机制改革先行区	资源整合模式
18	江西赣江新区	2016 年 6 月	建设成为中部地区崛起和推动长江经济带发展的重要支点	资源整合模式

资料来源:根据相关资料整理。

三　国家级新区建设取得的成就和存在的问题

经过近 30 年的发展,国家级新区在创新体制机制、全面深化改革、扩大开放合作、提升产业层次、带动区域发展、优化空间布局、改善民生条件等方面取得了重大成就，但同时也存在诸多问题，面临诸多挑战。

（一）取得的成就

国家级新区在带动经济水平显著提高、产业结构不断升级、民生福祉持续提升等方面发挥了重要作用，取得了丰硕成果。

1. 经济水平显著提高

国家级新区经济总量大幅增长，新区对资金、人才、产业等资源的吸引力和承载力明显增强，优质生产要素大量向新区集聚，新区经济实现较快增长，新区 GDP 占所在省份 GDP 的比重不断提高，对所在省份经济发展的贡献率不断提升。如上海浦东新区 GDP 从 1990 年的 60 亿元（上海市 GDP 为 782 亿元）增加到 2015 年的 7200 亿元（上海市 GDP 为 24965 亿元），增长了 119 倍，占上海市 GDP 的比重从 7.67% 提高到 28.84%；天津滨海新区 GDP 由 2006 年的 1983 亿元（天津市 GDP 为 4463 亿元）增加到 2015 年的 9370 亿元（天津市 GDP 为 16538 亿元），增长了 3.73 倍，占天津市 GDP 的比重从 44.43% 提高到 56.66%；重庆两江新区 GDP 由 2010 年的 1002 亿元（重庆市 GDP 为 7926 亿元）增加到 2015 年的 2200 亿元（重庆市 GDP 为 15720 亿元），增长了 1.20 倍，占重庆市 GDP 的比重从 12.64% 提高到 13.99%；兰州新区 GDP 由 2011 年的 39 亿元（甘肃省 GDP 为 5020 亿元）增加到 2015 年的 125.5 亿元（甘肃省 GDP 为 6790 亿元），增长了 2.22 倍，占甘肃省 GDP 的比重从 0.78% 提高到 1.85%。从经济增长速度看，国家级新区发展大多保持领先地位。以 2015 年为例，兰州新区 GDP 同比增长 20%，高出甘肃省 GDP 增速 11.9 个百分点；贵州贵安新区 GDP 同比增长 20.2%，高出贵州省 GDP 增速 9.5 个百分点；广州南沙新区 GDP 同比增长 13.3%，高出广东省 GDP 增速 5.3 个百分点；上海浦东新区、天津滨海新区、重庆两江新区、南京江北新区、湖南湘江新区等国家级新区 GDP 增速均高出所在省份 GDP 增速 2个百分点以上。

2. 产业结构不断升级

在产业培育、引进和发展方面，国家级新区把握现代产业发展趋势，着力推进产业集约化、高端化、生态化发展，先进制造业、战略性新兴产业、现代服务业、生态产业等发展不断取得新突破。如上海浦东新区第三产业增加值占 GDP 的比重由 1990 年的 20.1%上升到 2015 年的 67%；天津滨海新区重点打造航空航天、新能源、新材料、汽车和装备制造、IT 制造等支柱产业，且多数产业发展处于全国前列。

3. 民生福祉持续提升

经过多年建设，国家级新区的水电路网逐步完善，网络化、智能化水平不断提升，基础配套设施持续完善。新区充分利用政策、资金、要素等优势资源，产业不断发展，就业形势良好，经济综合实力显著提升。新区城市管理水平不断提高，体制机制加快创新，居民诉求渠道畅通，和谐社区建设步伐加快。民生福祉得到持续提升，居民生产生活条件得到极大改善。新区绿化面积不断扩大，生态环境得到较好维护。

（二）存在的问题

国家级新区在取得突出发展成就的同时，也面临一些发展瓶颈和现实挑战，在一定程度上制约了产业发展和人口集聚，突出表现为产城融合水平较低、基础配套服务滞后、建设用地供给不足以及与周边区域发展脱节等，这些问题能否得到有效解决，将对国家级新区今后的发展产生至关重要的影响。

1. 产城融合水平较低

从现有国家级新区发展情况来看，部分新区在规划上未将产业与城市统筹考虑，城市与产业功能定位不清，经济（产业）、社会发展与城市总体规划之间缺乏有机衔接和协调，新区建设规模与基础设施、人口规模、用地总量、产业布局之间存在脱节，产业园区、商务区和居住区功能分离，产业化与城镇化发展水平不协调。国家级新区在建设模式上大多以城镇化为主导，进而撬动工业化发展，容易造成产业空心化，如兰州新区在建设过程中高楼林立，大量产业空置。个别国家级新区产业化发展水平高于城镇化建设水平，出现了住房短缺、交通拥堵、环境污染等问题。因此，国家级新区在建设过程中必须高度重视产城融合发展，确保城镇化水平与产业化水平相协调。

2. 基础配套服务滞后

部分国家级新区按照开发区形式进行建设，导致新区服务设施布局分散、种类单一、发展滞后，缺乏一般性的服务消费场所，服务功能欠缺，服务价格偏高。部分新区建设速度过快，住宅开发、社区建设品质参差不齐，公共服务设施发展滞后，公共服务资源供给不足。服务功能的严重滞后极大地制约了产业发展，造成居民生活不便和企业运营成本过高，无法支撑新产业和高端产业的发展。

3. 建设用地供给不足

国家级新区拥有政策、土地、交通等方面的优势，吸引了大量市场主体进入，但国家级新区规划建设规模有限，土地供给普遍紧张，居住用地、工业用地和商业用地的价格差异很大，土地资源没有得到有效配置，部分国家级新区的建设密度较低，土地利用不节约、不集约。在新区发展到一定阶段后，建设用地占比不断提高，土地增量供给非常有限，新区的发展空间受到很大限制。例如，2008 年浦东新区建设用地占新区总面积的 75% 以上，其中浦东外环内建设用地超过总面积的 91%。[①]

4. 与周边区域发展脱节

国家级新区的战略定位是带动周边区域发展，辐射并服务于周边省份，但部分新区利用"外部资源＋特殊政策＋异地市场"的开发模式，不断拉大与周边区域的差距，未能起到很好的辐射带动作用。因此，新设立的国家级新区必须依托周边资源、资金、劳动力优势，重点发展高新技术产业和高端制造业，辐射带动周边地区发展，实现产业共赢和共享发展，杜绝利用政策等优势与周边区域"抢饭碗"。已有的国家级新区应当积极探索产业转型升级发展之路，利用国家级新区的政策、资金、人才优势和现有发展基础，引进和培育具有高附加值的特色产业项目和产业链下游项目，显著提升新区产业辐射带动能力，实现与周边地区产业协调发展和新区土地、资金、人才资源的集约化、高效化利用。

四 国家级新区发展模式

以上海浦东新区、天津滨海新区、重庆两江新区、浙江舟山群岛新区、四川天府新区和哈尔滨新区为例，借鉴新区在发展模式上的成功经验，重点从战略定位、功能布局、产业发展、人口集聚等方面分析国家级新区的建设经验。同时，考虑到南宁五象新区的发展实际，研究分析了南宁高新区和柳东新区的建设经验，以期为南

---

① 为解决此问题，拓展浦东新区发展空间，2009 年 4 月 26 日，国务院正式批准将上海市南汇区并入浦东新区。

宁五象新区建设提供参考。从已有的经验来看，国家级新区依托沿海经济、产城融合、内陆开放、资源整合、区域协同发展等优势，形成了各具特色的发展模式。

（一）沿海开放主导模式——以上海浦东新区为例

这类国家级新区往往位于东部沿海地区，经济社会发展条件较好，在带动东部地区率先发展中具有重要的推动作用。上海浦东新区是这类发展模式的典型代表。

作为第一个国家级新区，上海浦东新区自 1992 年 10 月成立以来，围绕建设成为上海国际金融中心和国际航运中心核心功能区的定位，不断强化国际金融中心和国际航运中心的环境优势、创新优势、枢纽功能和服务功能，牢固把握科学发展的主线，积极建设成为国际经济中心、国际金融中心、国际贸易中心、国际航运中心。2005 年 6 月，国务院正式批准上海浦东新区进行综合配套改革试点，上海浦东新区开始推行新一轮的综合配套改革。2010 年以来，上海浦东新区集中发展金融、航运和高层次国际制造业，重点建设 CBD、保税区、集装箱港口。近年来，上海浦东新区将重心转向高端制造、商务贸易、科技创新以及服务业，如国产大飞机总装、世博园区打造国际总部区、以迪士尼为核心的国际旅游地。上海浦东新区服务业逐渐从金融商务、门户服务向高端消费和文化交往拓展。虽然各阶段经历了不同的政策环境、主导产业、建设重点等，但是上海浦东新区发展模式的核心特征是以投资和大项目带动的空间扩张。自1990 年起，浦东进入了投资驱动主导的空间扩张时期，依托四大国家级开发区，采取据点式开发模式拓展产业和城市功能。随后各个开发区先后遇到了空间资源瓶颈，为此在功能区域范围内寻求扩张空间。2005 年以后，建设用地开始显著蔓延，沿路和沿开发区边缘建设趋势明显。如张江在开发区东侧利用两块飞地建设了银行卡产业园、医疗器械园等园区，这些工业园的建设进一步加剧了浦东建设用地的离散化和蔓延趋势。在大项目推动上，从 20 世纪 90 年代初期的四大国家级开发区到浦东国际机场建设，再到 21 世纪世博会的举办、洋山深水港和临港新城的开发，以及迪士尼项目建设，上海浦东新区始终坚持大项目带动模式。上海浦东新区建设发展主要历程见图 1-2。

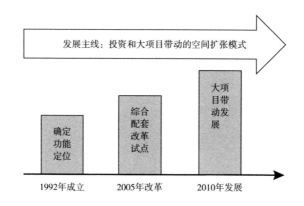

图 1-2　上海浦东新区建设发展主要历程

上海浦东新区的发展模式具有三个特点：一是以空间资源充分供给为基础；二是以出口贸易为导向；三是以产业开发为主体。在上海浦东新区成立早期和扩张期，这种模式能适应新区快速扩张的需要，取得了前所未有的建设成就，然而在空间资源日趋紧张、国际贸易环境恶化、创新转型要求迫切的新形势下，原有发展模式存在的问题日益凸显，需要进行深入反思。

（二）城乡一体化模式——以重庆两江新区、四川天府新区为例

我国西部内陆地区经济发展相对滞后，为打造西部开放发展高地，以新区建设带动区域整体发展，重庆两江新区、四川天府新区进行了不同路径、不同模式的探索，是国家级新区城乡一体化模式的典型代表。

1. 重庆两江新区

2010 年 5 月 5 日，国务院批准设立重庆两江新区；2010 年 6 月 18 日，重庆两江新区正式挂牌成立。重庆两江新区是第一个设立在西部省份的国家级新区，在发展模式上突出城乡综合配套改革和打造内陆开放高地，积极建设成为长江上游的经济中心。重庆两江新区在建设上突出其服务西南省份的定位。国务院在批复重庆两江新区的文件中提出，重庆两江新区是统筹城乡综合配套改革试验的先行区，要着眼于建设内陆地区开放经济和现代产业体系，建设成为内陆重要的先进制造业基地和现代服务业基地，建设成为长江上游地区的经济中心、金融中心和创新中心等，建设成为内陆地区对外开放的重要门户、科学发展的示范窗口。"新""高""活"是重庆两江新区产业定位的三大原则。重庆两江新区在发展中立足重庆市、服务大西南，在产业选择上发挥内陆经济的比较优势，有选择地发展产业，围绕国家战略定位增强综合实力。五象新区应积极学习重庆两江新区谋篇布局的经验，尤其是产业发展领域的成功经验，抓好产业培育、促进产城融合，是新区建设的根本之道。

2. 四川天府新区

四川天府新区在内陆开放、生态文明、城乡统筹等方面肩负着特殊任务。与东部地区国家级新区相比，四川天府新区地处内陆腹地，不沿边、不靠海，但更贴近内陆广阔市场；与西部地区其他国家级新区相比，四川天府新区发展基础较好，总体比较优势明显。四川天府新区战略地位突出，市场腹地广阔，为加快开发建设提供了广阔的市场空间。四川天府新区已形成较为完善的交通网络，可实现人流、物流、信息流等要素的高效对接，拥有多个国家级产业基地，为现代产业集聚奠定了良好的产业基础。四川天府新区在探索西部地区开发开放新路子、发展内陆开放型经济、促进西部地区转型升级、完善国家区域发展格局等方面发挥了示范和带动作用。相较于其他新区主要立足于带动本省份发展，国家从更高层面对四川天府新区建设寄予了更高的期望，将四川天府新区定位于建设成为以现代制造业为主的国际化现代新区、内陆开放经济高地、宜业宜商宜居城市、现代高端产业集聚区、统筹城乡一体化发展示范区。

（三）海洋经济发展模式——以浙江舟山群岛新区为例

随着国家打造海洋强国战略目标的提出，海洋经济成为我国经济发展的重要增长空间，浙江舟山群岛新区、青岛西海岸新区和大连金普新区作为国家级新区将在其中发挥重要作用。

2011 年 6 月 30 日，国务院印发了《关于同意设立浙江舟山群岛新区的批复》。浙江舟山群岛新区是第一个以海洋经济为主题的国家级新区，按照浙江海洋经济发展先导区、海洋综合开发试验区、长江三角洲地区经济发展重要增长极的定位要求，浙江舟山群岛新区加快建设中国大宗商品储运中转加工交易中心、东部地区重要的海上开放门户、中国海洋海岛科学保护开发示范区、中国重要的现代海洋产业基地和中国陆海统筹发展先行区，积极构建连接新加坡、日本、韩国等，辐射带动长三角乃至整个长江流域的发展格局，是我国在建设国家级新区上的重大突破。同时，浙江舟山群岛新区面向发达国家的战略定位非常明显，突出了开放发展在经济发展中的关键角色和地位，这与广西实施开放带动战略的做法相符。浙江舟山群岛新区充分利用独特的区位优势和资源优势，以港口物流为核心，逐渐向生产、服务、贸易等领域扩展，借鉴新加坡花园城市建设经验，积极改善生态环境，吸引高端人才，努力打造国际物流岛、自由贸易岛、海洋产业岛、国际休闲岛、海上花园城等。

（四）资源整合模式——以哈尔滨新区、湖南湘江新区、天津滨海新区为例

此类新区在建设时已有一定的发展基础，包括产业发展基础和基础设施建设基础，在国家级新区发展的第三阶段数量最多，这从侧面说明国家级新区服务于本省份发展的作用越来越突出。天津滨海新区、兰州新区、哈尔滨新区、长春新区、云南滇中新区、贵州贵安新区、湖南湘江新区和江西赣江新区是这种发展模式的代表。

1. 哈尔滨新区

2015 年 12 月，国家批复设立哈尔滨新区。哈尔滨新区充分发挥区位条件和资源禀赋优势，立足自身发展实际，在争取国家和省级相关政策支持的基础上，努力建设成为带动哈尔滨市经济社会发展和实现经济结构转型的核心载体，成为推动开放型经济发展、有效对接国家"一带一路"倡议和"中蒙俄经济走廊"黑龙江陆海丝绸之路经济带建设的高端合作平台，成为推进新型城镇化协调发展的典型示范区，成为老工业基地城市"大众创业、万众创新"的产业集聚高地，成为未来带动和支撑东北北部地区区域协调发展的强势增长极。目前，哈尔滨新区建设取得初步成效，经济规模稳步增长，科技型产业和创业型经济得到较快发展。开放型经济发展取得新突破，全国对俄合作中心城市地位基本确立，具有区域特色和独特竞争力的自由贸易区初具规模。

2. 湖南湘江新区

2015 年 4 月，国务院批复设立湖南湘江新区，这是全国第 12 个、中部地区第 1 个国家级新区。湖南湘江新区以建设"三区一高地"为目标，即高端制造研发转化基地和创新创意产业集聚区，产城融合、城乡一体的新型城镇化示范区，全国"两型"社会建设引

领区和长江经济带内陆开放高地。湖南湘江新区将重点发展金融服务、文化创意、商贸物流等服务业，重点打造高端制造、新材料、电子信息、新能源等产业集群，着力发展工程机械、电子信息、航空航天等先进制造产业，加快搭建长沙高新区信息产业园、中电软件园等核心平台载体，建设湖南大数据交易中心。通过实施多种举措，湖南湘江新区对先进要素的吸引力显著增强，2016年新区民间投资突破1000亿元，进一步表明民间投资和项目建设在新区发展和带动区域发展中的重要作用。

3. 天津滨海新区

1994年3月，天津市在天津经济技术开发区、保税区的基础上，把塘沽区、汉沽区、大港区、天津港和高新技术产业园区的资源整合起来，组建了天津滨海新区。2006年5月，天津滨海新区升格为国家级新区。天津滨海新区的定位是依托京津冀、服务环渤海、辐射"三北"、面向东北亚，努力建设成为我国北方对外开放的门户、高水平的现代制造业和研发转化基地、北方国际航运中心和国际物流中心，逐步成为经济繁荣、社会和谐、环境优美的宜居生态型新城区。在建设模式上，天津滨海新区通过整合资源、找准定位，逐步升级发展成为国家级新区。五象新区建设可借鉴天津滨海新区的经验，利用区位、政策优势，结合自身发展定位，积极整合各类先进要素资源，逐步打造成国家级新区。

天津滨海新区没有现成的发展模式和理论可照搬，而是靠自身不断探索和提升。天津滨海新区在提升区域服务和带动功能方面不断突破，其主要经验在于以下几个方面。一是全市联动，整体开放。基于天津既有的经济总量、竞争力和辐射力，在更大程度上扩大经济规模和提升产能。天津市充分认识到滨海新区在带动环渤海及北方发展方面的重要作用，举全市之力打造滨海新区。五象新区在发展过程中可借鉴天津滨海新区的经验，整合多种资源，共同助力新区建设。可借助五象新区发展的政策优势，调整经济结构、产业结构，吸引民营企业和中小企业投资，不断充实五象新区的建设力量。二是区域合作，竞合共赢。天津滨海新区积极融入、服务和带动区域经济发展，加强与周边省份合作，突破行政区划的藩篱，倡导"海纳百川，有容乃大"的合作精神，改善天津市投资环境，推动国家重大项目落地实施，主动开辟津洽会、融洽会等会展平台。三是产业升级，明确分工。天津滨海新区立足传统制造优势，注重加快产业结构的高级化进程，借助现代服务业巩固其经济中心地位。同时，天津滨海新区主动与北京形成更为合理的产业分工，优化要素资源配置，实现互补发展。四是综合改革，先行先试。天津滨海新区相继推出了以"宅基地换房"促进集体土地流转、以发行渤海产业基金拓展资本市场、以国际合作推进生态城市建设等改革措施。

（五）小结

从发展模式来看，国家级新区典型的发展模式都是基于自身特色和优势而形成的，虽然发展模式各异、发展路径不同，但是国家级新区的成功经验依然具有诸多共性特征。

1. 主动担当是国家级新区建设发展的根本导向

作为承担国家重大发展和改革开放战略任务的综合功能区，国家级新区已成为经济新常态下实施重大国家战略的新引擎和新动力。积极对接、主动融入国家重大战略，进一步拓展了新区发展的空间。如上海浦东新区、天津滨海新区和广州南沙新区抓住国家自贸试验区改革建设的机遇，天津滨海新区积极融入京津冀协同发展战略，重庆两江新区牢牢把握"一带一路"倡议重大机遇，陕西西咸新区着力打造丝绸之路经济带的重要支点，等等，这些新区成为全国极具吸引力的资金、产业、人才集聚地和改革先行试验区。

2. 创新驱动是国家级新区建设发展的根本动力

国家级新区发展始终秉承科学技术是第一生产力的理念，走特色化的创新驱动路径，有力地促进了新区发展水平和综合效益的提升。上海浦东新区围绕深化"聚焦张江"战略，构建区域创新体系，张江高新区成为继北京中关村和武汉东湖开发区之后第三个国家自主创新示范区；四川天府新区拥有国家级和省部级重点实验室 102 个、工程技术中心 137 个，拥有两院院士 59 人，首批国家"万人计划"入选专家 25 人，省部级以上专家有 9000 余人，高科技人才超过 30 万人，为四川天府新区实现高端发展提供了强大的人才支撑和发展动力。

3. 产业培育是国家级新区建设发展的关键内容

国家级新区的建设发展离不开产业的培育，天津滨海新区、重庆两江新区、四川天府新区等国家级新区的建设发展过程都说明了这一点。国家级新区在建设发展过程中，要始终将产业的培育壮大作为实现新区可持续健康发展的关键抓手，大力培育特色优势产业，努力发展先进制造业和战略性新兴产业，推动新区产业规模不断扩大，加大龙头企业培育力度，打造一批专业特色明显、集聚效应显著的现代产业集群，为新区综合实力的不断提升提供核心动力。

4. 金融支持是国家级新区建设发展的关键保障

在国家级新区的规划建设中，通过融资、融智、融商等方式，带动社会资金积极参与新区建设，是新区开发建设发展的关键保障。如天津滨海新区与国家开发银行签订《开发性金融合作备忘录》，系统谋划基础设施、民生保障、产业发展等领域的投融资合作。重庆两江新区借助国家开发银行的客户资源和综合金融服务，促进了京东方、中韩产业园等项目的落地与发展。兰州新区积极拓宽融资渠道，专门设立新区产业投资基金，引进各类金融机构，为新区开发建设提供了资金支持。

五　自治区内新区建设经验分析

国家级新区在建设过程和发展模式上都具有自身的特色优势和可取经验，对把五象新区建设成为国家级新区具有重要的借鉴意义。在充分借鉴和吸收各个国家级新区建设经验的基础上，认真梳理总结自治区内新区如南宁高新区、柳东新区建设的成功经验，对分析五象新区建设现状、把握五象新区建设脉络、找准五象新区建设定位、形成五象新区功能布局、明确五象新区产业培育方向、促进五象新区人口集聚等具有重要的参考价值。

（一）南宁高新区

1988 年，南宁高新区先后由南宁市政府、广西壮族自治区政府批准成立；1992 年，经国务院批准，南宁高新区成为全国最早的 53 家国家级高新区之一。目前全国的国家级高新区已经发展到了 114 家，南宁高新区是广西现有的 4 家国家级高新区之一。随着"二次创业""三次创业"步伐的加快，南宁高新区面临的环境越来越复杂，高新区现有的社会管理组织结构呈现一定的不适应性。

1. 人口结构新挑战

位于广西首府的南宁高新区，其独特的区域特点对园区社会管理中的人口问题提出了新的挑战。目前，辖区登记及常住人口为 4.5 万人，各种流动人口有 16 万人左右，流动人口已占辖区总人口的 78%。这些流动人口来自自治区内外的不同区域，他们语言各异、情况不一、诉求不同，如果简单把传统城区的管理办法直接照搬照抄则无法适应时代要求。如何做到科学管理流动人员、及时回应其多样化诉求，在很大程度上取决于管委会的管理政策与办法，需要有针对性地区分人群特点，根据不同群体的利益特征和具体行为差别化施策。同时，园区内人员结构相对复杂，导致高新区人口社区化程度较低。究其原因，一方面，本地原有的农村人口因征地拆迁逐渐住进了农民新村、新社区，但其在思想上还未能及时转变为社区人口。另一方面，外来人口来到新城市，归属感不强，尚未很好地融入新的生活圈子，由此增加了人口管理的复杂性。

2. 区域布局新挑战

南宁高新区位于南宁市西郊，大部分区域为城乡接合部，与市内城区在生产方式、基础设施、城市建设、居民习惯等方面都存在较大的差异，城乡接合板块难以很好地融合在一起。南宁高新区原来下设的心圩镇、安宁镇虽然后来也逐渐变成心圩街道、安宁街道，但仍然属于南宁市较为典型的城乡接合区域。城乡接合区域结构复杂、一区多园发展不均衡等问题也造成了南宁高新区治安防控难度大、社会矛盾调和不易等困难，这些都属于社会治安的不稳定因素，对高新区经济社会发展产生了极大的影响。

3. 环境污染新挑战

污水排放治理难度大。相较于全国其他高新区，南宁高新区污水排放程度较轻，但形势同样不容乐观。南宁高新区共有43家涉水排污企业（其中仅有5家企业主要涉及废水排放），废水排放大多通过市政管网或自然沟渠间接排放，每日废水排放总量约为2900吨。而园区内所有企业已配套建设了相应的废水处理设施，配备了专职环保管理员，其中废水排放量较大的企业均安装了污染物检测设备，接受南宁市环评专业中心的实时监控。而在所排放污水中，除工业废水外，其他绝大部分为生活废水，仅心圩街道、安宁街道（含沿河小区、大中院校）每日生活用水量就达到了40701吨，每天通过市政管网和自然沟渠排放的生活污水约为 32560 吨。在南宁高新区所排放污水中，工业废水占总排放量的 8.2%，生活废水占总排放量的 91.8%。南宁高新区出现的此类环境污染新问题，值得五象新区在建设过程中引以为鉴。

邻避冲突[①]防控难度大。邻避冲突是一种社会失灵的表现，主要是指理性经济人在自利动机下实施项目建设行为与非理性社会人社区保护抗争之间围绕环境问题而产生的各种冲突。南宁高新区因其特殊的地理位置而成为全市建设邻避设施[②]的"优先"选择。随着人们保护私有财产意识的不断增强，对邻避设施越来越抵制，易产生冲突。南宁高新区在发展过程中出现的这些新问题值得深入思考，五象新区在创建国家级新区过程中，必须注意规避上述问题的出现，要高起点建设五象新区，注重提升五象新区对人口的集聚能力，增强新区的包容性，注重对新区实施精细化管理，避免人口集聚增长带来的环境新问题。

（二）柳东新区

2007 年 1 月，柳州市委、市政府正式下文成立柳州市柳东新区；2010 年，广西壮族自治区党委、政府做出在柳东新区建设广西柳州汽车城的重大决策。2015 年，柳东新区完成工业总产值 1065 亿元，成功晋级为广西首个千亿元级城市新区。"十二五"期间，柳东新区规模以上工业产值增速保持在 41% 左右，财政总收入年均增长 38%，固定资产投资年均增长 28%。从城市战略东扩到高起点、高标准、高水平规划建设广西柳州汽车城，柳东新区在以"产业驱动、教育驱动、环境驱动、创新驱动"四大驱动为引擎的"柳东模式"助推下迎来了飞跃式发展。

---

① 邻避冲突，英文为 Not in My Back Yard，简称 NIMBY，音译为"邻避"。
② 邻避设施是指一些有污染威胁的公共设施。

1. 产业驱动

"十二五"期间，随着上汽通用五菱宝骏基地一期、二期和东风柳汽乘用车新基地相继投产，汽车城航母"双引擎"驱动力不断增强。产业驱动集聚效力，吸引了60多家企业签约落户花岭片区零部件产业园，使汽车城产业链不断完善延伸，初步建成了以汽车为支柱产业，以先进装备制造、生物和医药、电子信息为主导产业，以有色金属新材料、新能源和节能环保为先导产业的"132"现代工业产业体系。

2. 教育驱动

教育驱动为新城配备了人才动力的"智力车间"。在职教园里，10万名学子成为新区首批入住的群体。高级、中级、初级全产业链人才培育模式，以及产学研一体化平台的建立，为柳东新区可持续发展提供了动力。

3. 环境驱动

环境驱动在柳东新区成为随处可见的品质享受。柳州园博园成为新区的"品质担当"，华美达酒店和柳州国际会展中心成为新区三次产业发力的典范。路网纵横交错，城市快速公交系统不断提升新区交通出行档次，一批商业住宅项目销售火爆，展现出柳东新区宜居新城的活力新姿。

4. 创新驱动

创新驱动的"新"字诀更是在柳东新区的建设中亮点频现。2015年，柳东新区首次冲入全国高新区50强，排在第45位，在西部地区27家国家级高新区中排在第7位，在广西国家级高新区中排在第2位。通过"借脑引智"，与高校建立战略联盟，与牛津大学创新中心合作共建国际科技孵化器，引进上海交通大学等 6 所高校合作建立研发中心和各类专业孵化器。

从柳东新区的发展情况来看，"柳东模式"有效解决了新区发展繁荣至为关键的人的问题：让人来得了、留得住、成得家、立得业，以产业集聚、居住集聚，以及人气集聚实现新城的兴旺。

六　对五象新区创建国家级新区的启示

前文总结了国家级新区的功能定位和发展模式，从功能定位来看，国家级新区体现出对区域经济的引领带动作用；从发展模式来看，国家级新区所选择的发展路径是基于其自身的优势，主动融入国家战略，协同联动，优化升级，最终形成各具特色的发展模式。对于五象新区而言，必须主动借鉴其他新区的建设经验，避免同质问题的再次出现。

（一）注重规划引领，找准功能定位

五象新区在建设发展过程中，要注重规划的引领作用，充分把握新区战略定位和空间布局，注重新区规划与城市规划、经济规划、土地规划的统筹衔接，新区规划提出的目标、任务、重点工程和措施要与广西壮族自治区、南宁市国民经济和社会发展总体规划及各部门专项规划高度统一。加强部门配合，尤其要统筹制定重点区域、重点产业、重点园区的专项规划。加强"多规合一"，推动新区科学、高效、有序开发，实现新区产业化和城镇化互动、融合发展。从国家级新区的功能定位和发展模式来看，南宁市五象新区在创建国家级新区方面要主动融入国家战略，积极参与"一带一路"、西部大开发和新型城镇化建设，在国家战略中找准自身定位，进而科学合理地定位五象新区的战略作用，分析其优劣势，优化利用各种资源，科学编制五象新区建设和产业发展规划。

（二）改善发展环境，推动产城融合

五象新区在建设发展过程中，要着力推动产城融合发展，完善新区基础配套设施，提高公共服务智能化水平，提升社区建设水平，改善人居环境，提高人口集聚水平。注重五象新区产城融合发展，改善产业发展环境，优化产业空间布局，重点打造高端产业、新兴产业、生态产业，配套完善生产生活性服务业，建设与城镇化发展相协调的产业体系。将五象新区打造成为产城融合互动示范新区，完善基础配套设施，优化公共服务，注重生态环境保护，坚持新型城镇化战略，走具有广西特色的产城互动发展道路。

（三）创新体制机制，释放发展活力

五象新区在建设发展过程中，要不断创新体制机制，释放制度活力，通过体制机制建设，完善五象新区产业发展政策环境，不断增强新区对人才的吸纳能力，提升新区的人口集聚能力。通过建立适应五象新区发展的体制机制，促进五象新区资源整合、资金融通，不断释放五象新区的发展活力。

（四）加强内外协调，服务区域发展

从 18 个国家级新区的建设经验可以看出，国家级新区建设只有具备战略眼光，充分把握自身区位、资源、要素等优势条件，积极发掘自身比较优势，才能在新区建设上不断突破并取得成效。同时，新区与新区所在城市应充分协调，国家级新区建设在用地、资金、要素等方面应得到有力支持。国家级新区与周边省份要加强区域合作，充分体现国家级新区的战略定位，充分发挥服务于周边省份发展的战略作用。五象新区创建国家级新区要服务于广西乃至大西南和泛珠江区域发展，充分发挥自身优势，积极走对外开放道路，加强与东盟国家合作，积极打造"南宁渠道"。

（五）提升发展基础，争取国家支持

发展基础和发展潜能在建设国家级新区中起着至关重要的作用，新区均处在地区人口相对集中、产业基础较完备、经济基础雄厚的区域，要着力打造产业集聚区、居住休闲区、城市功能区、生态经济区等，构建立体化交通格局，完善民生、教育、医疗等公共服务配套设施，提升发展基础。同时，多数国家级新区是多种国家战略和专项先行先试平台的叠加区域，属于国家综合配套改革试验区、国家级开发区、国家级高新区、海关特殊监管区和自由贸易试验区等，国家级新区建设要在提升自我发展的基础上，积极争取中央、省级政策支持，形成发展合力。

（六）强化要素保障，推动产业升级

要素保障水平是一个地区经济发展的重要体现，国家级新区建设重在完善要素保障。在用地指标上，应加强协调，强化国家级新区用地保障。在资金保障上，应完善金融服务体系，防范规避金融风险，整合利用传统金融机构和互联网金融，为中小企业发展提供融资服务。在人才引培上，重点引进和培育国际高端人才、行业领军人物、专业技术人才、优秀企业家和先进企业管理者，改善人才待遇条件，既要"引得来"，又要"留得住"，加强后续人才建设，形成人才队伍梯队。通过加强三大要素的保障能力建设，改善创新创业环境，形成推动经济社会繁荣发展的强大后劲。作为首个国家级新区，上海浦东新区在产业发展方面着重打造国际金融中心，将金融服务作为重要的产业支撑，而随着金融危机的到来及其产生的后续影响，世界各国对制造业的发展更为关注。南宁市要成功创建国家级新区，必须突出发展先进制造业和现代服务业，尤其要重视生产性服务业和生活性服务业的发展，着力营造宜居、宜业的产业发展环境。

七　对策建议

南宁市在创建国家级新区过程中，依托国家"一带一路"倡议，积极建设"南宁渠道"，主动融入泛珠江流域合作，具备独特的政策、区位优势和部分资源、劳动力优势，同时拥有西南与东盟两大潜在原材料、劳动力和消费市场，准确把握这些优势是南宁市成功创建国家级新区的关键。对此，我们从南宁市的实际出发，针对南宁市五象新区创建国家级新区存在的问题提出以下对策建议。

（一）持续创新政策支持

优惠政策是成功建设国家级新区的关键因素，但随着我国城市发展水平和改革开放程度的不断提高，国家给予的优惠政策越来越有限。相较于国家给予上海浦东新区、天津滨海新区、重庆两江新区等国家级新区的优惠政策，国家给予其他新区的实质性的政策支持已大幅减少。因此，南宁市在创建国家级新区过程中，要在争取国家政策支持的基础上，积极争取自治区的政策支持，以健全五象新区政策支持体系。在做好优惠政策落实工作的基础上，应持续在土地、财税、金融、产业投资、人才、行政审批等领域进一步创新含金量高的支持政策，助力南宁市成功创建国家级新区。用足用好国家赋予新区的差别化土地政策，加大土地开发整理力度，提高土地利用产出效率。配合五象新区做好完善服务、引进人才等方面的工作，制定出台各类紧缺人才认定、项目支持、财税金融扶持、住房保障、配偶就业安置、子女入学等方面的配套政策，确保政策到位。

（二）增强自主创新能力

南宁市创建国家级新区，要认真抓好产业培育，而产业培育又要求优质企业的成长壮大，因此要持续提升企业自主创新能力，提高新区企业市场竞争力。优化企业创业、成长和发展的制度环境，通过建设高新技术产业化基地、中小企业孵化器等方式，为创新型中小企业发展搭建综合性的公共服务平台。深化科技研发体系改革，建立区域创新合作联盟，提高企业自主创新能力，建立健全协同创新体系和机制，创建产学研相结合的高层次创新研发转化基地。按照以企业为主体、以市场为导向的创新发展要求，加强知识产权保护，加快创立一批名牌企业、名牌产品。大力引进和培育各类优秀人才和创新团队，继续改善人才发展环境，健全创新创业平台。立足五象新区产业发展定位，瞄准产业链高端，引进跨国公司和国内龙头企业建立研发机构和工程中心，促进产业集聚。

（三）提升要素集聚能力

南宁市创建国家级新区，应以提高产业要素集聚力为出发点，不断夯实建设五象新区的经济基础，结合五象新区现有基础，顺应未来发展趋势，重点发展高新技术产业、战略性新兴产业，积极培育现代科技服务业。加快构建衔接珠三角、长三角、中南西南和北部湾地区以及东盟国家之间的外部交通网络体系，加快完善内部交通网络，为五象新区建设要素集聚提供有效载体。以提升城市品牌要素集聚力为抓手，努力扩大五象新区知名度；以增强创业环境要素集聚力为动力，持续激发五象新区建设活力；以"大众创业、万众创新"为动力，引进和培育各类创业型企业，搭建各类创新平台，完善市场体系和创业支撑体系，全面激发建设活力。

（四）强化开放带动作用

南宁市创建国家级新区，要继续扩大开放合作，深化与东盟的合作，积极融入泛珠江流域和贵广高铁经济带合作，提升开放带动能力，形成内外联动的开放发展格局。充分发挥新区在交通、物流、产业、贸易等方面的政策优势和要素优势，打造开放发展新高地。着力扩大开放领域和范围，完善对外开放载体和平台建设，积极参与"一带一路"建设，进一步扩大外商投资的领域和范围。深化外贸和外资等体制改革，发展多样化的外贸合作方式，推动跨境电商发展，促进外资有效利用。积极实施"走出去"战略，搭建企业"走出去"的服务平台，鼓励和规范企业对外投资合作，培育符合条件的企业向跨国公司发展。创新区域合作新模式，建立更加紧密的经贸合作机制。推动投资与贸易便利化，放宽新区境外投资在金融、文化、医疗、教育等方面的市场准入条件。

（五）完善新区服务功能

从国家级新区建设经验来看，新区服务功能滞后往往是影响新区发展的关键因素。新区在政策和产业方面具有很强的集聚力，但生产生活性服务功能滞后，往往会影响居民生活水平，导致居民幸福感和满意度下降，进而导致人口集聚能力弱化。因此，南宁市创建国家级新区，要注重优化提升新区用地功能，扩大新区绿化面积，保障新区服务业用地规模，促进新区服务业发展，着力构建完善、合理的产业发展体系。出台优惠政策，按照便民、利民的原则，完善公共服务设施建设。加大对公交、地铁等公共交通运营的财政补贴，增加公交、地铁的线路与班次，加快公共交通建设步伐，改善居民出行条件。重点抓好新区居住、餐饮、休闲、娱乐设施建设，引进知名企业入驻，鼓励在新区开设连锁经营店，带动各类服务业主体向新区集聚，以满足不同消费层次群体的需求。健全并完善医疗卫生服务，加大对医疗卫生服务机构的扶持力度，形成完整的医疗卫生服务体系。

（六）统筹协调城乡发展

推动城乡一体化发展是解决新区产城融合问题的重要途径。南宁市创建国家级新区，应科学研究制定新区开发和建设总体规划，从新区区域范围、建设用地规模、功能区布局、产业定位、重点项目、基础设施、体制机制等相关重大问题的研究入手，编制新区总体规划建设方案以及土地利用、全域交通打造、生态环境建设、产业发展等专项规划建设方案。探索建立有利于新区发展的城乡一体化、财税、户籍、土地、社会保障等各项制度。以落实城市总体规划和新区总体规划为重点，改革城乡规划管理体制，强化规划实施的监督管理，加强生态环境资源保护，建设人与自然、经济社会与生态环境和谐发展的生态新城区。以深化农村综合改革、突破城乡分割的制度障碍为切入点，加强各功能区在管理体制、政策支持、产业布局和公共服务等方面的无缝衔接，共同推进城镇化进程。立足于引领区域经济发展，拓展发展空间，优化产业布局，提升城市综合功能，把新区打造成为区域经济重要增长极、统筹城乡综合配套改革示范区。

（七）深化社会领域改革

南宁市创建国家级新区，要积极创新公共服务管理体制，构建覆盖城乡的基本公共服务体系。创新公共服务治理机制和监管制度，更加注重社会公平，切实解决人民群众最关心、最直接、最现实的利益问题，增加公共服务供给，加快建立能够满足境内外人员需求的合理适度的社会保障以及覆盖城乡的基本公共服务体系。国家级新区设置于某个特定区域，其成立甚至开发建设上升为国家战略，总体发展目标、发展定位等将由国务院进行规划和审批，相关特殊优惠政策和权限由国务院直接批复，在辖区内实行更加开放和优惠的特殊政策，并鼓励其进行各项制度改革与创新的探索工作。要探索和研究新区辖区乡镇行政改革问题，密切关注户籍制度改革方案的制订，以基本养老保险和医疗保险为重点，加快推进农民转居民、行政村转社区等工作，构建新型社区管理模式。

第二章 五象新区打造国家级新区战略目标研究

目标是引领新区规划建设的方向标，是落实新区规划建设的硬手段，浓缩了新区建设的战略任务，体现了新区建设的发展意图。目标体系的建立，是推进五象新区建设的基础性工作，经过 10 多年的建设，五象新区取得了显著的成就，经济社会发生了巨大变化。随着发展环境的变化，五象新区所处发展阶段和自身发展条件都发生了新的变化，建设国家级新区对五象新区的发展思路、发展定位、发展重点提出了新的要求，五象新区发展目标的设定呈现新的特点，必须在指标选取、目标设置上进行新的调整。开展五象新区战略目标研究，对引导五象新区建设具有十分重要的作用。本章在总结已有国家级新区发展目标设定特点和规律的基础上，结合《广西"十三五"规划纲要》和《南宁市"十三五"规划纲要》的新要求以及五象新区建设的实际情况，研究提出五象新区打造国家级新区的战略目标体系，并对指标值做出预测和建议，为五象新区创建国家级新区提供指标测度参考。

一 国家级新区目标设置经验分析

五象新区在进行目标设置时要充分借鉴现有国家级新区尤其是新晋国家级新区目标设置的经验做法，从中汲取共性特征，确定个性目标。本章重点选取 2015 年以来国务院批复的 7 个国家级新区，总结这些国家级新区在目标设置上的经验，以期为五象新区建设国家级新区提供目标参考（见表 2－1）。

表 2－1　国家级新区目标设置情况

序号	新区	批复时间	发展目标
1	湖南湘江新区	2015 年 4 月	到 2025 年,新区综合实力大幅提升,城镇化率达到 80% 左右,GDP 年均增速明显高于湖南省平均水平,战略性新兴产业增加值年均增速达到 20% 以上,现代产业体系更加完善,生态环境进一步优化,全方位对内对外开放格局基本形成,成为带动湖南省和长江中游地区经济社会发展的重要引擎、长江经济带建设的重要支撑点、全国"两型"社会建设的先行区
2	南京江北新区	2015 年 6 月	到 2025 年,新区综合实力大幅提升,GDP 年均增速明显高于南京市平均水平,为推进长江经济带建设提供有力支撑。创新驱动发展取得实质性进展,布局合理、特色鲜明的现代产业发展格局基本形成,力争全社会 R&D 投入占 GDP 比重达到 4% 以上,战略性新兴产业产值年均增速达到 20% 以上。新型城镇化建设水平和质量稳步提升,城镇化率达到 80% 以上,初步建成长江经济带上环境优美、宜居宜业、具有较强国际影响力的现代化新区
3	福州新区	2015 年 9 月	到 2020 年,新区城市框架、高端产业、基础设施及生态体系初步形成,马尾新城区基本建成,重点产业园区、重要城市组团建设取得重大突破,经济社会持续健康发展,与平潭一体化发展格局基本确立,形成海峡两岸交流合作重要承载区; 到 2030 年,新区开发开放实现重大跨越,综合实力和国际竞争力、影响力显著提升,基本建成经济发达、社会和谐、生态优美的现代化新区,成为带动区域发展的重要引擎,生态文明建设水平显著提升,实现"机制活、产业优、百姓富、生态美"的有机统一

序号	新区	批复时间	发展目标
4	云南滇中新区	2015 年 9 月	到 2020 年,新区城市框架和较为完善的基础设施体系基本形成,重点产业园区建设取得积极进展,生态文明建设和新型城镇化建设有序推进,经济社会发展迈上新台阶,对云南省科学发展、跨越发展的支撑引领作用初步显现; 到 2030 年,新区建设实现重大跨越,科技创新引领能力和产业竞争力明显增强,对外开放合作进一步深化,综合实力显著提升,建成城乡统筹发展、产城紧密融合、生态环境优美、人民生活幸福的高原生态宜居城市,成为带动云南发展的重要增长极和我国面向南亚东南亚辐射中心的重要支点
5	哈尔滨新区	2015 年 12 月	到 2020 年,新区管理体制基本理顺,综合实力显著提高,先进制造业和现代服务业竞争力大幅增强,经济增速在黑龙江省处于领先地位,基础设施承载力明显提升,对俄产业、经贸、科技合作层次全面升级; 到 2030 年,新区管理体制进一步完善,与国际接轨的开放合作和自主创新发展环境基本形成,自主创新能力达到国际先进水平,产业规模明显扩大,产业结构进一步优化,城镇化水平和质量显著提高,常住人口超过 200 万人,成为国际化、现代化、智慧化和生态化发展新城区
6	长春新区	2016 年 2 月	到 2020 年,新区立体化交通网络基本建成,陆海联运的对外物流通道基本畅通,公共服务设施日益完善,改革创新和开放合作取得重大突破,创新驱动能力明显提高,创新型现代产业体系基本建立,成为推动吉林省新一轮振兴的重要引擎; 到 2030 年,新区综合实力实现新跨越,改革创新和开放合作取得丰硕成果,创新型现代产业体系日臻完善,腹地支撑能力显著增强,对外开发开放新格局基本形成,国际化绿色智慧新城区全面建成

续表

序号	新区	批复时间	发展目标
7	江西赣江新区	2016 年 6 月	到 2020 年,新区新型城镇化和生态文明建设有序推进,以先进制造业、战略性新兴产业和现代服务业为主导的现代产业体系初步形成,基础设施进一步完善,对外开放合作取得新进展,基本建成产城融合、城乡一体、生态宜居的现代化新区; 到 2030 年,新区发展实现重大跨越,综合实力和产业竞争力大幅增强,新型城镇化水平和质量显著提升,现代产业体系更加完善,体制机制充满活力,生态环境进一步改善,成为促进中部地区崛起和推动长江经济带发展的重要支点

资料来源:根据相关资料整理。

　　综合以上国家级新区的目标设置,虽然新区目标设置的要点不同、形式不一,但相关目标均充分体现了新区在区域发展中的引领作用和带动效应,对新区的发展速度提出了要求,目标始终围绕新区的定位展开,主要涉及的板块有产业发展、新型城镇化建设、创新驱动、体制机制创新等内容。在目标时间节点上,各新区的选择有所不同,一般都采用中期目标和远期目标相结合的形式,但中期目标的时间节点选择略有不同。大部分新区以 2020 年为中期目标,个别新区以 2025 年为中期目标。五象新区在目标设置过程中,应参考其他国家级新区的经验,注重和体现产业发展、新型城镇化建设、创新驱动、体制机制创新等重点领域的建设要求,目标设置应更加系统、更具条理、更宜操作,更好地体现五象新区的共享发展和发展活力。

　　国家级新区在设置目标时应与新区定位紧密联系。首先,新区是当地乃至全国经济发展的新引擎;其次,新区是体制机制创新的综合平台;再次,新区是全方位扩大开放的新窗口;最后,新区是统筹城乡发展的重要功能区。因此，五象新区进行目标设置应思考的一个问题是，如何设置目标才能使五象新区的定位更加清晰、功能更加丰富、亮点不断显现，成为引领体制机制创新、促进要素人口集聚、带动区域协调发展、促进产城融合的综合功能区，成为南宁"向南发展"的动力引擎，不断提升南宁的首位度和广西的竞争力。

二 五象新区指标体系构建依据和构建原则

（一）构建依据

五象新区建设成为国家级新区的发展目标和指标体系的设置要始终贯彻五大发展理念，充分体现五象新区的战略定位和战略导向，结合五象新区实际，同时注意时间节点，把短期目标与中长期目标有机结合起来。五象新区发展目标的设置应遵循以下依据。

一是有助于体现和提升五象新区"一带一路"有机衔接重要门户的核心节点地位。五象新区建设目标中应突出制度框架和规则体系创新，加强国际合作园区建设，推进中国－中南半岛经济走廊建设，构建联动发展、高度融合的产业链、贸易链、资金链和价值链，为"一带一路"的有机衔接探索新路径、积累新经验，使五象新区成为"一带一路"有机衔接重要门户的核心节点。

二是有助于体现和提升五象新区西南中南地区开放发展战略支点的核心区地位。五象新区在建设过程中要加强与西南中南地区交通互联互通、产业协作发展，推进市场一体化，将五象新区打造成为深入实施西部大开发战略和引领北部湾经济区、珠江－西江经济带联动发展的新的增长极，成为西南中南腹地连接海上丝绸之路、与东盟开放合作的核心节点。

三是有助于推进和提升五象新区成为中国（北部湾）自由贸易

先行先试区。五象新区在发展中应突出改革先行、开放引领，推进金融领域、跨境电子商务、海关监管制度、检验检疫制度、旅游开放合作创新，成为驱动中国－东盟自由贸易区升级、民族和沿边地区创新发展的重要引擎。

四是有助于与广西及南宁市"十三五"规划做好充分衔接。五象新区打造国家级新区是广西"十三五"时期的重要战略任务，也是南宁市"十三五"规划实施的战略重点，在南宁市"十三五"规划及其他规划中已有所体现。因此，五象新区建设国家级新区的指标选取和目标值确定，要充分考虑与广西及南宁市"十三五"规划的衔接，既要有重合，也要体现建设国家级新区的战略任务和发展重点；既要提出与"十三五"规划基本一致的目标值，又要充分考虑建设国家级新区的战略跨越性，以及国家级新区在城市建设中的重要作用和重要地位，在某些指标上适度超前。

五是有助于体现紧贴南宁发展实际、带动提升经济社会发展的战略需求。目标体系的确定要与五象新区的区情相结合，要详尽地反映建设国家级新区重大战略措施的重要成果，进而集中体现五象新区在南宁市经济社会发展中的带动引领作用。区分时间节点，做好中期与长期目标设置，指标的选择不仅要体现五象新区目标发展的优势，而且要挖掘具有一定优势但目前尚未充分发挥的领域。

（二）构建原则

一是五象新区目标体系的选择应注重指标的可比性。指标体系所选取的指标既要能体现五象新区打造成为国家级新区的战略进程，体现出阶段性特征，又要能体现五象新区与其他国家级新区之间在产业发展、产城融合、新型城镇化建设等方面的差异。阶段性指标要具有发展的可比性，并侧重于横向的可比性。在指标数据的选取上，应具有可得性，一般选择可以比较的指标统计口径，以现行统计年鉴的数据为准；而在指标的选择和确定上，则应尽可能采用国内公认的标准和概念，使各项指标相容于同一体系。

二是五象新区目标体系的涵盖内容应体现全面性。五象新区发展指标体系应能够概括五象新区建设成为国家级新区的总体特征，多角度、分层次反映包括创新、绿色、协调、开放、共享等在内的诸多方面的内容，体现经济发展、产业转型、开放合作、人才开发等诸多领域的情况。不仅如此，指标体系还应体现时代性的特征，涵盖新业态经济、创新驱动等内容。同时，各个指标之间应形成有序、有机的联系，但同时应尽量精练，便于应用实施。

三是五象新区目标设置应注重可操作性。可操作性原则包含两个方面的内容：一是尽可能从可获取的角度选择指标；二是指标体系的设计要以可操作性为出发点。因此，指标体系的设计和指标的选取应与一般的评价体系有所区别，指标的描述应确定从哪些层面、以哪些指标为参照，揭示影响五象新区建设国家级新区的因素及其规律，这样有助于了解五象新区发展过程中各项指标的建设进展和实现情况，便于实际工作部门以这些指标为参照，指导和安排工作。

四是五象新区目标设置应注重区域协调、联动发展。五象新区应立足广西北部湾经济区和区域经济发展，按照区域协调联动发展要求，合理进行总体功能定位和产业分工协作，特别是工业和服务业必须根据城市的整体定位进行选择。一方面，五象新区应加强与南宁高新技术开发区、广西－东盟经济技术开发区、南宁经济技术开发区、南宁市良庆经济开发区以及规划建设中的南宁综合保税区等的协调和衔接；另一方面，五象新区应突出建设以文体为主体功能的新区和功能城市，以及以人居为核心取向的新区。既要采取差异化的发展战略，又要切实注重与城市总体发展规划相协调。

五是五象新区目标设置应注重统筹发展、分期建设。要立足五象新区长远发展目标，按照"总体规划、统筹兼顾、分期分步建设"的基本思路，在总体布局上既要考虑近期产业建设实施方案的可操作性及弹性要求，也要为远期产业发展留有足够空间和余地。充分考虑五象新区综合性功能的特点，结合发展目标和产业定位要求，合理进行用地布局和功能区划分，提高生产的专业化程度，拉开产业层次，加强关联配套，防止同质化恶性竞争。在工业布局上要发挥产业集聚效应和规模效应，形成合理的产业链和具有明显优势的产业集群。坚持集约节约发展，最大限度地发挥土地和开发建设的综合效应。

六是五象新区目标设置应注重生态环保、循环发展。要始终高度重视生态建设和环境保护，从建设起点上做好生态环保，处理好开发建设与资源保护的关系，最大限度地降低对自然生态的不利影响，减少对自然资源的消耗。在产业整体布局上，提倡发展循环经济；在具体布局上，总部基地与工业园区内部要形成生态群落发展模式。

三　五象新区发展目标体系及指标解析

在充分借鉴其他国家级新区目标设置经验的基础上，结合五象新区的实际情况，考虑当前经济社会发展的新形势和新特征，五象新区发展目标的设置须遵循创新、绿色、协调、开放、共享五大发展理念，以2020年为近期目标，以2030年为远期目标。

（一）发展目标

到2020年，五象新区综合实力大幅提升，经济年均增速显著高于广西和南宁市平均水平，GDP达到820亿元以上，工业总产值达到2000亿元以上。新能源、新材料、先进装备制造、生物医药等战略性新兴产业以及金融、云计算、大数据等现代服务业加速集聚，现代产业体系基本形成，与东盟国家的信息化合作领域进一步拓展，基础设施和公共服务设施不断完善，生态空间全面优化，对北部湾经济区和珠江－西江经济带的引领作用明显增强，服务中国－东盟自由贸易区的作用显著提升。

到 2030 年，五象新区经济实现跨越式增长，创新驱动发展成果显著，集成集约集群发展的现代特色产业体系更加完备，在实现对东盟国家"政策沟通、道路联通、贸易畅通、货币流通、民心相通"的目标上取得显著成效，富有壮乡首府特色和亚热带风情的生态宜居宜业新城全面建成。

（二）具体指标

五象新区 2016～2030 年的发展目标可分为两个时期，即近期目标（2016～2020 年）和远期目标（2021～2030 年）。其中，近期目标主要是完成基础设施建设、招商引资、产业布局等任务；远期目标主要是不断提升功能区建设水平，推动园区产业集聚发展，实现五象新区的内涵发展（见表 2－2）。

表 2－2　五象新区近期目标和远期目标设置情况

时期	具体目标
近期目标（2016～2020 年）	加快五象新区基础设施建设,把握产业转移的新趋势和新变化,选准产业承接点,同时南宁保税物流中心向南宁综合保税区过渡转型,形成物流商贸业集聚。五象新区的功能板块项目全面启动建设。全面建成文化产业城、体育产业城、中国－东盟国际物流基地、健康产业城、龙象谷等重点产业项目
远期目标（2021～2030 年）	现代综合物流园区初具规模,五象新区总部基地企业大批进驻,工业园区逐步形成功能区基本框架。战略性新兴产业初具规模。依托总部基地,培育发展楼宇经济,金融商贸业逐步形成,经济总量与规模实现翻两番。推进具有特色的现代产业体系建设,形成中国－东盟国际物流基地和环境舒适的城市新区,搭建公共服务平台

资料来源：根据相关资料整理。

　　参考《广西"十三五"规划纲要》指标体系测算和《南宁市"十三五"规划纲要》指标体系，结合五象新区的实际发展情况，构建以下指标体系（见表2-3）。

表2-3　五象新区建设国家级新区目标体系

序号	类别	指标名称	单位	指标属性
1	经济与产业发展	GDP	亿元	预期性
2		工业总产值	亿元	预期性
3		战略性新兴产业增加值占比	%	预期性
4		高新技术产业增加值占比	%	预期性
5		财政收入	亿元	预期性
6		国内外公司驻邕总部数（含区域性总部基地）	个	预期性
1	对外开放	外贸依存度	%	预期性
2		实际利用外资	亿美元	预期性
3		机场国际航线数	条	预期性
4		外资金融保险机构数占金融保险机构总数的比重	%	预期性
1	资源与环境	万元GDP能耗	吨标准煤	约束性
2		单位GDP的COD排放强度	吨/万元	约束性
3		单位GDP的SO_2排放强度	吨/万元	约束性
4		森林覆盖率	%	预期性
5		建成区绿化覆盖率	%	约束性
1	人才与科技	R&D投入占GDP比重	%	预期性
2		人才总量	万人	预期性
3		每万人拥有专业技术人员数	人	预期性
4		每万人大专以上学历人数	人	预期性
5		申请专利总数	件	预期性
6		授权专利总数	件	预期性
1	和谐发展	城镇化率	%	预期性
2		户籍人口数	万人	预期性
3		城镇居民人均可支配收入	元	预期性
4		农村居民人均可支配收入	元	预期性

1. 经济与产业发展类指标的选取及说明

经济与产业发展类指标选取 GDP、工业总产值、战略性新兴产业增加值占比、高新技术产业增加值占比、财政收入、国内外公司驻邕总部数（含区域性总部基地）6 项指标。

（1）GDP，即国内生产总值（Gross Domestic Product），是指按市场价格计算的一个国家（或地区）所有常驻单位在一定时期内生产活动的最终成果。

（2）工业总产值，是以货币表现的工业企业在报告期内生产的工业产品总量。

（3）战略性新兴产业增加值占比，是指战略性新兴产业增加值占 GDP 的比重。

（4）高新技术产业增加值占比，是指高新技术产业增加值占 GDP 的比重。

（5）财政收入，表现为政府部门在一定时期（一般为一个财政年度）内所取得的货币收入。

（6）国内外公司驻邕总部数（含区域性总部基地），是指总部设在五象新区的集团公司数与跨国公司数之和，反映的是"总部经济"建设成效，重点包括区域性总部基地。

2. 对外开放类指标的选取及说明

对外开放类指标选取外贸依存度、实际利用外资、机场国际航线数、外资金融保险机构数占金融保险机构总数的比重 4 项指标。

（1）外贸依存度，即进出口总额与 GDP 之比，是开放度的评估与衡量指标。

（2）实际利用外资，根据国家统计局的定义，实际利用外资是指外国企业和经济组织或个人（包括华侨、港澳台胞以及我国在境外注册的企业）按我国有关政策、法规，用现汇、实物、技术等在我国境内开办外商独资企业，与我国境内的企业或经济组织共同举办中外合资经营企业、合作经营企业或合作开发资源的投资（包括外商投资收益的再投资），以及经政府有关部门批准的项目投资总额内企业从境外借入的资金。

（3）机场国际航线数，是指南宁吴圩国际机场拥有的定期国际航线数量。

（4）外资金融保险机构数占金融保险机构总数的比重，即入驻本地的外资银行分行或代表处、保险公司分公司或代表处的数量占入驻本地的金融保险机构总数的比重。该指标反映了金融保险业的开放程度。

3. 资源与环境类指标的选取及说明

资源与环境类指标选取万元 GDP 能耗、单位 GDP 的 COD 排放强度、单位 GDP 的 SO_2 排放强度、森林覆盖率、建成区绿化覆盖率 5 项指标。

（1）万元 GDP 能耗，是指一定时期内一个国家（或地区）每万元 GDP 所消耗的能源，其计算公式为能源消费总量/GDP。

（2）单位 GDP 的 COD 排放强度，其计算公式为 COD 排放总量/GDP。

（3）单位 GDP 的 SO_2 排放强度，其计算公式为 SO_2 排放总量/GDP。

（4）森林覆盖率，是指一个国家（或地区）森林面积占土地总面积的比例。这是反映森林资源丰富程度和生态平衡状况的重要指标。

（5）建成区绿化覆盖率，是指城市建成区内各单位管理的一切用于绿化的乔灌木和多年生草本植物的垂直投影面积占建成区总面积的比重。这些面积数据可以通过遥感、普查、抽样调查估算等办法来获得。

4. 人才与科技类指标的选取及说明

人才与科技类指标选取 R&D 投入占 GDP 比重、人才总量、每万人拥有专业技术人员数、每万人大专以上学历人数、申请专利总数、授权专利总数 6 项指标。

（1）R&D 投入占 GDP 比重，即 R&D 活动的经费占 GDP 的比重，是国际上通用的衡量一个国家（或地区）科技活动规模及科技投入强度的重要指标，不仅能够反映某地区的科技实力，而且能够充分体现当地政府及社会对科技事业的支持程度，并在一定程度上反映地区经济增长潜力和可持续发展能力，是衡量一个国家（或地区）自主创新实力和能力的重要指标。

（2）人才总量，是指党政人才、经营管理人才、专业技术人才、高技能人才、农村实用人才、社会工作人才"六支队伍"的总量。

（3）每万人拥有专业技术人员数，其计算公式为专业技术人员数/常住人口。

（4）每万人大专以上学历人数，其计算公式为大专以上学历人数/常住人口。

（5）申请专利总数，即向国家知识产权局申请专利的项目数量。国家知识产权局是我国唯一有权接受专利申请的机关。

（6）授权专利总数，即正式获得国家知识产权局授权的专利数量。

5. 和谐发展类指标的选取及说明

五象新区建设成为国家级新区，和谐发展是必不可少的要求，和谐主要从民生、城镇差异等方面体现。和谐发展类指标选取城镇化率、户籍人口数、城镇居民人均可支配收入、农村居民人均可支配收入 4 项指标。

（1）城镇化率，是衡量新区城镇化水平和人口城镇化进程的重要指标，国家级新区城镇化率应达到较高水平。

（2）户籍人口数，是指公民依照《中华人民共和国户口登记条例》已在其经常居住地的公安户籍管理机关登记了常住户口的人数。

（3）城镇居民人均可支配收入，是指居民全部现金收入中用于安排家庭日常生活的那部分收入，是家庭总收入扣除缴纳的所得税、个人缴纳的社会保障费以及调查户的记账补贴后的收入。

（4）农村居民人均可支配收入，即农村住户获得的经过初次分配与再分配后的收入。

四　指标体系执行过程的可行性分析及建议

按照上述指标体系，结合五象新区建设实际，对指标体系执行过程进行可行性分析，以 2015 年为基期，选取 2020 年为中期预期指标，2030 年为远期预期指标。

（一）统计指标可得性分析

上述 25 项指标与目前统计系统的指标相符，数据在理论上是可得的，但是目前五象新区打造国家级新区仍处于起步阶段，在 25 项指标中，只有较少的指标可采集数据，绝大部分数据处于空白，这也是五象新区建设亟待解决的问题。应按照行政功能，尽快配齐相关部门，统计部门是不可或缺的部门，没有五象新区的经济社会统计数据，便无法清楚地把握其未来发展方向，也无法准确把握五象新区建设的脉络走向。

（二）目标值可实现性分析

1. 增速水平分析

就现有的指标数据而言，2015 年五象新区 GDP 为 508 亿元，工业总产值为 1076 亿元，实现财政收入 75.8 亿元，户籍人口数为 48 万人。初步预测到 2020 年 GDP 将达到 900 亿元，年均增速为 12.1%；到 2030 年 GDP 将达到 2500 亿元，年均增速为 11.2%。但考虑到未来经济发展基本格局的常态化，结合广西及南宁市"十三五"经济增速尤其是 2016 年以来经济发展态势，对五象新区 2020 年经济年均增速以及 2030 年经济年均增速进行调整，分别调整为 11.0% 和 9.0%。从 GDP 增速来看，五象新区 GDP 增速快于南宁市 GDP 整体增速，符合国家级新区的定位和要求，具有较强的可实现性，也是一项进取型的发展目标。

从现有指标数据来看，2015 年五象新区工业总产值为 1076 亿元，充分考虑经济发展新常态以及当前招商引资和重大项目建设情况，经预测，2020 年五象新区工业总产值有望达到 2000 亿元，年均增速为 13.2%；到 2030 年有望达到 5200 亿元，年均增速为 11.1%。由此可以看出，工业总产值增速要快于 GDP 增速。就目前广西经济社会发展的现状来看，工业经济仍然是广西经济社会发展的中坚力量。对于五象新区而言，当前及未来相当长一个时期内，建设发展的主要任务就是要加快壮大工业经济，不断提升产业发展综合实力。实现上述工业总产值总量及增速目标具有可实现性，也是进取型发展目标。

2. 产业支撑分析

目标的实现离不开产业的发展，否则目标就是一纸空谈，毫无意义。就五象新区的产业发展重点来看，五象新区必须加快发展现代工业和现代服务业。

（1）现代工业

加快新兴产业园区、现代工业产业园区规划建设，着力发展以先进装备制造、新一代电子信息技术、新能源、新材料、节能环保、创意产业等为主导的新兴产业；承接市区工业转移和"北钦防"临海工业下游产业，重点发展钢铁、石化、电子等产业的高附加值精深加工、研发及延伸产业项目，大力发展和提升农产品加工、食品、建材、纸制品等优势传统产业，将新兴产业园和现代工业园区建设成为五象新区加快发展的重要支撑和南宁市乃至北部湾工业发展新的增长极，打造区域性加工制造基地和面向东盟的区域性研发平台。中国糖城、广西工业设计城、广西软件城、南宁广告产业园建设形成规模，成为重要的产业集聚区。

到 2020 年，新兴产业园加快发展，与经济开发区、沙井片区、高新区等产业板块实现协调发展，先进装备制造业成为新兴产业园战略性主导产业，产业集聚格局基本形成，争创国家级新型工业化产业示范基地。

到 2030 年，先进装备制造、电子信息等主导产业进一步发展壮大，建成布局合理、产业集聚、特色突出、效益显著的新兴产业园和现代工业产业园，成为南宁市乃至北部湾经济区产业发展的重要增长极，有力支撑产业发展目标的实现。

（2）现代服务业

把五象新区建设成为面向东盟国家的区域性国际物流基地，广西有影响力的文化体育产业城、总部经济核心区，以及南宁市现代服务业新区，逐步成为南宁市打造区域性商贸物流基地和金融中心、信息交流中心、综合性交通枢纽中心的重要支撑，内陆开放型经济战略高地的重要平台，以及面向东盟文化交流展示合作的重要枢纽和泛北部湾新兴总部基地。加大对具有东盟总部特征的企业的引进力度，切实将五象新区建设成为面向东盟的商务总部经济。以文化产业为引领，加快重大文化项目建设，规划布局五象书城（或中国－东盟书城），建设成为西南地区乃至西部地区规模最大的复合式书城。

到 2020 年，五象新区现代服务业发展对全市经济的带动作用明显增强。金融街初具规模；竞赛表演、健身娱乐、体育用品贸易等相关产业集聚，促使五象新区加快发展；以中国－东盟创意乐园建设运营，推动音像制品、新闻出版、影视制作、艺术教育等相关产业入园；以健康产业城、龙象谷等开发建设，推动五象新区医疗卫生、生态休闲旅游发展。力争五象新区文化产业独具特色、规模较大、形成品牌，成为南宁市新的经济增长点；五象新区体育及相关产业增加值占南宁市体育及相关产业增加值的比重达到20%；总部经济规模明显扩大，发展水平显著提高，每年引进1家综合型总部企业、2～4家职能型总部企业落户，培育一批总部企业进入全国500强、行业500强行列，总部经济对五象新区的贡献率显著提升；接待境内外游客800万人次，实现旅游总收入200亿元。

到2030年，文化、体育、商贸物流、医疗卫生、生态休闲旅游等重点产业发展成熟，总部经济、金融业成为广西经济发展的新引擎，形成一批带动、支撑经济又好又快发展的产业集群，成为全市经济发展快、财政贡献大、综合效益好的产业基地和区域经济新亮点，引领和推动全市经济实现跨越式发展。五象新区体育及相关产业增加值占南宁市体育及相关产业增加值的比重达到40%；社会消费品零售总额占南宁市社会消费品零售总额的比重达到10%以上；营造良好的总部经济及楼宇经济发展环境，构建完善的服务体系；接待境内外游客2000万人次，实现旅游总收入700亿元。

五 结论

（一）目标涵盖范围

从五象新区发展目标的设定范围来看，目标涉及创新驱动、产业发展、增强活力、城市管理、社会和谐、开放共享等方面，共计25项目标，涵盖面较广。

（二） 数据可得性分析

从指标数据的可得性来看，目标设定的指标数据归属统计口径，理论上数据是可得的，然而从五象新区现有行政部门的设置来看，因统计部门尚未设立，因此在目标设置的初期，获得统计数据略有难度。

（三） 目标实现性分析

从目标设置的增长速度来看，五象新区增长速度快于自治区平均水平，符合国家级新区引领带动区域经济发展、增强经济发展活力的定位，具有很强的可实现性，当然也不排除非人为特殊因素的存在而造成的影响。

第三章 五象新区产业功能选择与空间布局研究

国家级新区是城市型增长极，既有传统开发区集聚产业的功能，又有城市综合服务功能，有助于推动产城一体、产城融合发展。因此，五象新区的一个重要功能就是吸引产业、集聚人口，要通过产业集聚带动人口集聚，不能单纯依赖房地产经济，要真正做到产城互动发展，避免出现空城、死城现象。五象新区要在高起点上建设一座新城市，其产业布局的范围不能过大、不宜过散，否则不利于要素、资源高度集聚。借鉴其他国家级新区产业功能选择和空间布局经验，结合五象新区实际情况，做好五象新区产业功能选择和空间布局是当务之急。

一 国家级新区产业功能选择与空间布局的经验及启示

通过分析上海浦东新区、重庆两江新区、陕西西咸新区、贵州贵安新区等国家级新区的基本概况和经济发展条件，总结其产业功能选择与空间布局的基本特点和基本情况，以期为南宁五象新区建设国家级新区进行产业功能选择与空间布局提供借鉴（见表 3 - 1）。

表 3 -1　国家级新区产业功能选择与空间布局

国家级新区	产业功能选择	空间布局
上海浦东新区	划分为上海综合保税区、上海临港产业区、陆家嘴金融贸易区、张江高科技园区、金桥出口加工区、临港主城区、国际旅游度假、世博商务区八大产业板块	打造"一轴四带"空间发展格局,其中"一轴"是指东西发展轴;"四带"是指滨江高端商务文化休闲带、南北创新走廊、东部沿海生态发展带和中部城镇发展带
重庆两江新区	建设汽车、电子信息、高端装备、新能源新光源、轨道交通、航空产业、节能环保和生物医药八大先进制造业基地,发展云计算、国际会展、总部经济、服务外包、综合物流运输和商贸商务六大现代服务业集群,打造长江上游地区金融中心和创新中心	打造"一心四带"空间发展格局,其中"一心"为金融商务中心;"四带"即都市功能产业带、高新技术产业带、物流加工产业带、先进制造产业带
陕西西咸新区	包括空港新城综合保税区、空港新城临空产业园区、沣东新城统筹科技资源示范园区、沣东新城新加坡现代产业园区、秦汉新城周陵新兴产业园区、秦汉新城五陵塬文化产业园区、沣西新城信息服务产业园区、沣西新城国际教育文化园区、泾河新城地理信息产业园区和泾河新城物流交易园区十大产业园区	打造"一河两带四轴五组团"空间发展格局,其中"一河"即以渭河为纽带;"两带"即渭北帝陵风光带和周秦汉古都文化带;"四轴"即以正阳大道、沣泾大道、红光大道、秦汉大道为轴带;"五组团"即空港新区、沣东新城、沣西新城、秦汉新城、泾河新城五大城镇组团
贵州贵安新区	打造中央商务区、教育科技研发区、高端装备制造集聚区、文化旅游休闲度假区和生态环境保护区	打造"一核两区"空间发展格局,其中"一核"即位于贵安新区东部的核心职能集聚区;"两区"即特色职能引领区和文化生态保护区

资料来源：根据相关资料整理。

（一）上海浦东新区产业功能选择与空间布局

上海浦东新区位于长江入海口，是我国沿海开放地带的中点，北与崇明区隔江相望，南与奉贤、闵行两区接壤，西与徐汇区、黄浦区、虹口区、杨浦区、宝山区相邻。浦东新区总面积为1429.67平方公里，其中可开发面积为1210.41平方公里，占全区总面积的84.7%。2015年浦东新区常住人口约为530万人，是上海市人口最多的行政区。浦东新区区位优势明显，是首个国家级城市新区，也是长江经济带的终点，具有巨大的发展潜力和较强的经济辐射力。

浦东新区的建设具有如下优势。第一，上位政策保障。2009年5月，原南汇区并入浦东新区后使之成为上海市第二大行政区，浦东新区进入了经济飞跃式发展阶段，成为上海市重要的增长极。第二，经济基础雄厚。上海市是全国的经济中心，拥有优越的政策条件，集聚了大量资金、技术、人才等先进要素，对外开放程度高，对国际资本、优秀人才的吸引力强，为浦东新区发展奠定了良好的基础。第三，区位优势明显。浦东新区位于中国大陆对外开放海岸线中点、长江入海口处，民航和水运条件优越，铁路和公路汇集，形成了完善的立体化交通运输体系，对内联系与对外开放的深度和广度都很高。第四，是对上海市主城区功能的重要补充。上海市的快速发展，带来了交通拥堵、住房紧张、用地紧张等问题，浦东新区的发展在疏散人口、拉动就业，以及缓解交通和土地压力等方面发挥了良好作用，并着力布局新的产业，辅助上海市区产业优化升级。

1. 产业功能选择

浦东新区的产业发展与其定位密切相关。第一，浦东新区立足中国改革开放前沿阵地的区位优势，具有高校、科研院所云集，对外开放程度高等优势条件，积极发展高科技产业和国际性服务业，全方位立体交通不断完善，在国家提出打造国际性金融中心背景下，积极抢占世界金融市场。第二，上海市具有明显的区位优势，具有发展国内外物流业的先天禀赋,再加上经济发展的客观需要和对传统物流产业改造升级的需要,根据上海城市发展的总体要求,浦东新区加快经济发展速度,进行产业规划调整,更好地适应上海金融中心和国际航运中心的功能需求。第三,浦东新区政府充分利用国家的大力度开发机遇,合理规划产业布局,提升产业发展功能,重塑新区世界形象。"十三五"期间,在产业布局上,浦东新区结合前期发展成就,将航空城纳入重点产业布局中,加快打造"4+4"产业新格局,即陆家嘴金融贸易区、外高桥等保税区、张江高科技园区、金桥经济技术开发区4个成熟开发区,以及世博地区、临港地区、国际旅游度假区、航空城4个新兴区域。

2. 空间布局

"十二五"期间,浦东新区形成了"一轴三带"总体发展格局;"十三五"期间,浦东新区在已有开发成果的基础上,依据不同功能区在产业发展、功能分配和用地布局上的不同定位,重点打造"一轴四带"空间发展新格局。其中,"一轴"是指东西发展轴,即从虹桥机场到浦东国际机场城市发展主轴的浦东段,优化提升核心主轴产业功能,重点建设陆家嘴金融城、张江科技城、旅游城和航空城,带动金融、科技创新、文化旅游、商务会展等功能不断完善;"四带"是指滨江高端商务文化休闲带、南北创新走廊、东部沿海生态发展带和中部城镇发展带。

(二) 重庆两江新区产业功能选择与空间布局

重庆两江新区包括江北区、渝北区、北碚区三个行政区域的一部分以及两路寸滩保税港区、国家级经济技术开发区、高新技术开发区。规划面积为1200平方公里,其中不可开发区域面积为650平方公里,可开发建设面积为550平方公里。到目前为止,建成区面积为150平方公里,新开发建设面积为400平方公里,其中工业用地占比为 60%，居住用地占比为 40%。

重庆两江新区具有以下优势。第一，地理区位优势。重庆地处中国大陆版图的几何中心、亚欧大陆桥的铁路连线上、中国中西部接合地带，在我国交通网络体系中起着承东启西、沟通南北、保持国际交往的重要作用。第二，产业基础优势。重庆是我国著名的老工业基地，制造业历史悠久、基础雄厚，2015 年工业产值增速在 12% 以上，总额突破 5000 亿元大关，汽摩、化工、电子信息、精密仪器制造等领域都显示出强劲实力。第三，物流和交通成本优势。两江新区具有良好的交通区位，成渝、渝黔、襄渝、渝怀、遂渝等多条铁路线将重庆与周边的四川、贵州、湖北、云南等省份相连。两江新区位于主城北部，南接长江黄金水道，西邻嘉陵江，两路寸滩保税港区是全国唯一的"水港 + 空港"双功能保税港区，5000 吨级船舶能常年通航，江北国际机场是西部地区旅客吞吐量居第三位的大型机场，145 条航线到达全国各地。第四，政策环境优势。重庆市政府为两江新区制定了优惠的政策，形成了极具竞争力的产业政策，如两江新区到 2020 年按 15% 的税率征收企业所得税；"十二五"期间的税收、行政事业费用等不需上缴重庆市，可自行管理，供建设之用；高新技术产业所得税减按 10% 征收；等等。这一系列措施为两江新区营造了良好的投资环境，搭建了稳固的发展平台。

1. 产业功能选择

一是打造先进制造业功能区。主要布局在郭家沱、鱼嘴、复盛、龙兴、石船等街镇。在东部漕谷龙盛片区集中发展装备制造业以及以电子信息为代表的都市型工业；在中部北侧空港组团区发展以计算机为主的电子信息产业；在西部水土片区重点发展医药、信息、软件外包等新兴产业。以龙石先进制造功能区为载体，打造万亿元级工业基地。二是打造金融中心。整合江北嘴、溉澜溪和寸滩，共同打造以金融机构总部和要素市场为主的核心金融功能区。结合保税区政策优势和避税港型离岸金融需要相对独立政策区的特点，将原寸滩港用地功能调整为离岸金融，与江北嘴共同构建金融中心，并以溉澜溪为发展备用地，以满足未来发展需要。三是打造国际服务中心。两江新区是面向知识经济和消费经济的国家特区，作为内陆现代服务业基地，紧紧把握高端切入的机遇，提升国际交往能力。四是发展区域门户和物流仓储业。作为国内少有的位于中心区的保税港，寸滩港的转型和鱼嘴港的崛起为寸滩港培育服务型保税港区做好了空间和功能上的准备。依托寸滩港的中心区位培育贸易服务链，实现保税政策的普惠，重点培育以离岸金融为核心的总部运筹功能。

2. 空间布局

两江新区按照三大板块进行布局，沿嘉陵江滨江板块为现代都市服务业发展区域，中间板块是城市居民集聚区，靠北一带是工业板块。立足三大板块的发展基础，两江新区提出了"一心四带"空间发展格局。其中，"一心"为金融商务中心，着重打造创新金融、资讯研发、商贸商务等产业；"四带"即都市功能产业带、高新技术产业带、物流加工产业带、先进制造产业带。都市功能产业带重点发展商务会展、汽车、电子信息、仪器仪表、生物医药等产业，高新技术产业带重点发展新材料、生物医药、电子信息、仪器仪表、研发设计等产业，物流加工产业带重点发展电子信息、仓储物流、保税加工等产业，先进制造产业带重点发展汽车、高端装备、新材料、节能环保、新一代信息产品等产业。

（三）陕西西咸新区产业功能选择与空间布局

陕西西咸新区位于西安、咸阳两市建成区之间，规划面积为882

平方公里,2015 年常住总人口为 89.3 万人,城镇化率为 23%。西咸新区以现代田园城市为目标,按照新型工业化、信息化、城镇化和农业现代化"四化并举"的思路,加快产城融合步伐,推动城乡一体化发展。

1. 产业功能选择

西咸新区积极整合资源、环境、劳动力、科技等,大力发展信息服务业、现代物流业、文化产业等战略性新兴产业,推动建设沣东科技统筹示范园区、沣西信息产业园区、空港临空产业园区、秦汉文化旅游产业园区、泾河物流产业园区等,形成五大新城产业互补、错位布局、协同发展的格局。积极利用西安高校、科研院所云集,中高端科技人才资源丰富等优越条件,将信息服务业作为支柱产业,积极打造面向国内一线城市的后台信息服务中心。支持发展呼叫中心、互联网数据中心、数据存储中心、备灾中心、数据交换共享平台等新产业业态,加快形成产业新模式。其中,沣西新城建有 20 多平方公里的信息产业园,重点开展面向政府部门、顶尖高科技企业的信息化服务。目前,国内三大通信运营商数据中心、全国人口数据中心、美特斯邦威西北电子商务中心等项目落户。空港综合保税区起步区、华润万象城、西部飞机维修基地、秦龙现代生态智能创意农业园区等项目开工建设。西咸新区积极发展具有复合都市功能的现代农业,建有集葡萄种植、葡萄酒酿制、餐饮服务、娱乐休闲等功能于一体的张裕葡萄酒庄,通过探索农业现代化、生态化、园区化的发展路径,加快建设秦龙现代生态智能创意农业园区、森禾现代花卉科技产业园区等现代农业园区,提升农业发展水平。

2. 空间布局

西咸新区规划建设用地 272 平方公里,占西咸新区总规划面积的

30.8％。按照现代田园城市的建设方向，打造"一河两带四轴五组团"空间发展格局，其中"一河"即以渭河为纽带，发展高端服务业，打造沿河绿色生态走廊；"两带"即渭北帝陵风光带和周秦汉古都文化带；"四轴"即以正阳大道、沣泾大道、红光大道、秦汉大道为轴带；"五组团"即空港新区、沣东新城、沣西新城、秦汉新城、泾河新城五大城镇组团。总体上看，五大新城空间功能定位各异，形成错位竞合的产业发展业态。积极布局建设泾河、渭河、沣河三条生态景观，并将各个城镇用绿地隔开，以优化生态环境，提高人居环境质量。

（四）贵州贵安新区产业功能选择与空间布局

广西与贵州同处西部地区，均是民族地区和贫困地区，贵州贵安新区的建设经验对南宁五象新区的产业功能选择与空间布局具有较大的借鉴意义。贵安新区地处贵阳与安顺两市之间，包含 20 个乡镇，规划面积为 1795 平方公里，2015 年总人口为 82 万人。贵安新区是黔中经济区核心地带，区位优势明显，经济基础较好。贵安新区是以航空航天为代表的特色装备制造业基地、重要的资源深加工基地、绿色食品生产加工基地和旅游休闲目的地、区域商贸物流中心和科技创新中心。

1. 产业功能选择

贵安新区立足战略定位，依托大数据、现代物流等优势条件，重点发展航空航天、汽车及零部件、能源及矿业机械等先进装备制造业，新一代信息技术、生物、新材料等战略性新兴产业以及民族、民俗旅游工艺品加工业。重点发展金融、会展、物流、房地产、信息服务、科技服务、商务服务、外包服务、文化创意等现代服务业，积极发展生态旅游、休闲旅游、文化旅游、民族旅游等旅游业态。2013 年，贵安新区投资总额为 1300 余亿元，引进世界 500 强企业 5 家，富士康第四代绿色产业园、中国电信数据中心、中国移动数据中心、中国联通数据中心、西部国际智能产业城、泰豪国际文化创意园等一批重点项目开工建设或投产运营。

2. 空间布局

根据《贵安新区总体规划（2013~2030 年)》要求，贵安新区将重点打造五大产业功能区，即中央商务区、教育科技研发区、高端制造业集聚区、文化旅游休闲度假区和生态环境保护区。在空间布局上，打造"一核两区"空间发展格局。"一核"即位于贵安新区东部的核心职能集聚区，包含贵安生态新城、马场科技新城、天河潭新城、花溪大学城、清镇职教城 5 个片区，主要发展战略性新兴产业以及高端装备制造、现代服务等产业。"两区"即特色职能引领区和文化生态保护区，其中特色职能引领区包括平坝新城、乐平产业功能区、蔡官产业功能区 3 个片区，主要打造现代制造、特色装备、特色轻工等产业发展基地；文化生态保护区包括屯堡村寨群落、手工艺遗产群落、水脉林盘群落、滨湖湿地群落 4 个片区，重点发展生态产业、文化创意产业和旅游产业。

（五）案例总结和经验启示

本章选择在实践方面具有代表性的上海、重庆、陕西、贵州等地国家级新区的建设经验为典型案例，通过分析研究其产业功能选择与空间布局特征，以期为五象新区的产业功能选择与空间布局提供经验借鉴。

在产业选择培育上，五象新区可以借鉴上海浦东新区的经验，采用倒推模式，从五象新区整体发展定位出发，进而确认产业培育、引进的方向和重点，即从五象新区发展需求入手，分析五象

新区发展定位→产业功能构成→产业功能选择→产业功能的空间
布局特征→产业功能的空间布局，以更好地利用有限的空间，发
展更适合五象新区功能定位的产业，保障五象新区资源高效
利用。

在空间规划布局上，五象新区要明确区位、地形、地貌条件，
因地制宜开展空间规划布局。以重庆两江新区为例，两江新区按
照打造形成统筹城乡的综合配套改革试验区、内陆先进的制造业
和现代服务业基地、长江上游地区的经济中心、内陆重要的先进
制造业和现代服务业基地等功能定位，建设保险创新试验区，集
聚发展外企地区总部和研发中心、运营中心、结算中心等功能性
服务业中心。建设中国科学院重庆绿色智能技术研究院等科技研
发基地，进而促进各类要素向两江新区集聚发展，形成与空间布
局相配套的产业发展集群。

在发展空间选择上，五象新区要突出绿色发展理念，以改善生
态环境、提高人居质量为重要参考，把握"生态五象"发展方向，
在国家级新区规划建设上，为五象新区发展留足空间、留足绿地。
以陕西西咸新区为例，西咸新区突出现代田园城市的发展定位，通
过优化城镇布局、构筑河流两侧绿色廊道和五大组团间的绿地屏障、
发展复合型田园农业等方式，极大地改善了西咸新区环境，构建了
优越的生态保障体系。

在产业功能定位上，五象新区应按照主体功能区划理念，充分
认识生态环境对五象新区发展的关键性影响。可参考借鉴贵州贵安
新区在产业功能选择上的发展模式，贵安新区建立了完善的生态环
境保护制度和水资源利用制度，确立了红枫湖、百花湖等禁止开发
区域，做好河流湖泊清污、生态环境恢复工作，确保水质达标，实
施石漠化综合治理和水土流失综合治理等工程，切实改善周边生态
环境。

不同产业功能区的空间分布特征见表 3 - 2。

表 3 - 2　不同产业功能区的空间分布特征

序号	产业功能区	空间分布特征
1	先进制造业中心	(1) 在厂址选择上,由于生产工艺的要求,企业对用地平整度的要求较高; (2) 在交通配套上,由于产品的重量和体积都较大,要求运输便利,需要邻近港口、铁路或者高速公路; (3) 轨道交通、新能源汽车、新一代信息技术等属于技术密集型产业,国际交流和交往较多,因此要求生产基地配备自用机场或依托非大型枢纽型城市机场,同时宜邻近相关配套企业集中区; (4) 在环境要求上,由于制造业一般会产生较大噪声,需与城市生活区和对精密度要求较高的企业保持一定距离
2	金融服务中心	(1) 要求地理位置典型,具备良好的交通区位,同时城市建设良好、交通发达、基础设施齐全; (2) 依托国内或区域高度发达的经济基础,金融市场的市场化、国际化和自由化都达到相当高的水准; (3) 金融市场结构体系完善,并具有相当规模的成交量; (4) 金融机构集聚,金融中介服务行业发达; (5) 宽松而严格的法规体系,要求政府对金融市场进行严格的监管以防范金融风险发生,通过制定积极的扶持政策,如低廉的税收政策、合理的投资限制等,营造相对宽松的金融环境; (6) 专业人才资源是金融服务中心发展的必要条件
3	高端服务中心	(1) 环境优美,人口流动频繁,邻近交通枢纽,交通便利; (2) 文化展演集中分布在中心城区和老城区,邻近高端商业中心; (3) 涉外政务商务区与高端商务酒店倾向于邻近 CBD 布局,并与文化展演群共同组成综合功能片区; (4) 门户地区逐渐成为世界主题乐园和城市大事件选址的首选。世界知名主题公园选址基本上是在距离机场 10 公里范围以内。城市大事件选址趋向于城市边缘、邻近航空枢纽等

续表

序号	产业功能区	空间分布特征
4	创新中心	(1)分布于官方科研院所、高校、企业研发机构和民间咨询研究中心等教研机构比较集中的地区； (2)在功能上主要是早期预警、科技研发、咨询建议等； (3)需要具备丰厚的知识资本、智力资本和人力资本以保证创新活力十足； (4)要求城市具有一定的经济发展基础,政策保障体制和优惠措施健全,市场机制发达,具有较大规模的企业群； (5)交通便利,环境优美,基础设施和文化设施建设完善
5	物流服务中心	(1)交通便捷,需要邻近较大型的空港或水运港口,对通达性的要求较高； (2)土地资源较丰富,仓储和运输对地形地势平整度的要求较高； (3)规模集聚性,具备贸易和物流市场基础； (4)市场发达,劳动力市场和人力资本丰富
6	休闲旅游区	(1)拥有丰富的、可开发的历史文化、民族民俗、山水田园等旅游资源； (2)区位条件优越,交通网络发达、便捷； (3)邻近客源地,旅游市场广阔,发展空间巨大； (4)拥有较完善的基础配套设施,产业发展基础扎实,拥有具有较大影响力的旅游景区、景点。旅游宣传得力,知名度和美誉度较高
7	生态文明引领区	(1)自然山川景观较好,自然环境基础优越； (2)城镇布局、产业布局、功能布局等新区空间布局合理,城乡统筹、人口总量控制等方面成就突出； (3)总体绿化程度较高,生物多样性发展； (4)产业选择合理,尤其是生态产业、绿色产业发展程度高,且占较大比重,高污染、高能耗产业较少或无

资料来源：根据相关资料整理。

二　五象新区基础概况与经济发展条件

五象新区开发建设要把握国家级新区产业功能选择的方向和空

间布局原则，充分结合自治区、南宁市经济社会发展基础和环境，确立好产业发展定位和功能定位，明确主导产业、优势产业、特色产业发展方向，合理规划空间用地布局，打造更好地服务于广西实现"三大定位"的国家级新区，提升五象新区在广西乃至全国的影响力和带动力。

（一）区位条件优越

从全国区位来看，五象新区拥有通往东盟国家便捷的海陆通道，且紧邻南宁吴圩国际机场，对外开放条件优越，是我国与东盟开放合作的前沿和窗口。五象新区位于泛北部湾、泛珠三角和大西南三大经济圈的接合部，与北部湾港口城市钦州市接壤，是北部湾经济区的核心区域、珠江－西江经济带的战略节点，在深化与东盟开放合作中具有突出地位和优势。五象新区对外交通便利，距北部湾港口北海、防城及中越边境均不到 200 公里，有高铁或高速公路直达。邕江内河航运顺西江下珠江直达粤港澳。南宁吴圩国际机场可通达全国主要城市和东盟各国，高铁可通达全国各大城市。五象新区规划有 7 条地铁、20 多座跨邕江桥梁，与江北南宁主城区基本实现了无缝对接，区内主干路网基本建成，产业发展基础更加稳固，城市空间布局日益优化。

（二）产业基础扎实

五象新区拥有中国－东盟信息港核心基地、南宁经济技术开发区、南宁综合保税区 3 个国家级平台以及新兴产业园、空港经济区、中国－东盟国际物流基地、南宁江南工业园等载体，是中国（北部湾）自由贸易试验区的核心区域。2015 年五象新区工业总产值为 1099 亿元，形成了新一代电子信息技术、生物医药、轻工食品、机械装备制造以及新能源、新材料、节能环保等优势产业集群。作为沿边金融综合改革试验区重点区域的总部基地金融街加快建设，金融保险、商贸物流、总部经济、文化体育、健康养老等现代服务业加速发展，形成了业态布局合理、支撑作用较强的商业聚集区。五象新区已搭建起东盟创客城、"互联网＋"自主创新试验区、"互联网＋"创业主题孵化基地等创新创业平台，"大众创业、万众创新"取得明显进展。

（三）承载能力较强

五象新区位于《全国主体功能区规划》明确的重点开发区域，总体规划面积为486平方公里，风光秀美，自然风光和人文景观交相辉映，"两山两江和29条内河溪流"自然天成，两大绿色生态走廊建设成型，森林覆盖率、空气优良率、人均可利用水资源量居全国前列，生态承载力强。五象新区开发利用潜力较大，综合交通枢纽、网络基本建成，市政配套设施和公共服务设施较为完备，且拥有丰富优质的教育、卫生、文化等资源，具备产业发展的重要基础要素。五象新区产业园区平台较多，拥有南宁经济技术开发区、南宁综合保税区、新兴产业园、空港经济区、中国－东盟国际物流基地、南宁江南工业园等园区平台，且园区产业综合配套能力较强，基础设施建设完善。

（四）开放优势明显

五象新区区位优势明显，在对外开放合作中具有突出地位，近年来，随着中国－东盟自由贸易区升级版谈判完成，《区域全面经济伙伴关系协定》（RCEP）谈判稳步推进，中国－中南半岛经济走廊建设取得积极进展，中国－东盟博览会以及中国－东盟商务与投资峰会等合作平台的影响力显著提升，南宁市在参与澜沧江－湄公河、泛北部湾、粤港澳等经济圈合作的广度和深度不断拓展，形成了联结东盟、对接中南西南开放合作的"南宁渠道"。随着国家推进"一带一路"建设力度的持续加大和各国参与程度的不断提高，南宁市在引领中国－东盟"钻石十年"发展中的区位优势日益凸显。同时，中国－东盟信息港南宁核心基地、中国－东盟港口城市合作网络、新加坡（广西南宁）综合物流产业园加快规划建设，这些都为五象新区加快建设国家级新区、打造新的区域增长极、提升开放带动能力等奠定了良好的发展基础。

（五）面临重大契机

近年来，南宁城市空间结构发生了重大变化，已经从"单中心－边缘工业区"逐渐演变成"双中心－新产业区"的总体格局。同时，城市空间发展战略也发生了重大转变，已由主要依托邕江北岸发展演变成"巩固江北、提升江南"，这为处在邕江南岸的五象新区提供了重大发展机遇。五象新区将通过整合资源要素，打造成为南宁市南岸核心区域，通过优化空间布局、完善基础设施和产业功能配套，不断提升城市人口集聚能力，实现整体发展水平的跃升。

三 五象新区产业功能选择

五象新区要充分把握国家级新区在产业发展上的战略定位，瞄准产业高端和终端，通过筛选、培育、引进等环节，加快产业配套，制定详细的产业发展规划，完善招商引资、财税支持、人才引培、用地保障等政策体系，集聚发展一批具有较强市场竞争力的知名企业，提升产业发展能力，增强产业发展后劲。

（一）五象新区产业功能选择原则

五象新区建设要充分把握国家级新区产业发展高端化、生态化、现代化的要求，以五大发展理念为引领，充分考虑自治区、南宁市产业发展情况，形成产业配套发展的重要支撑，把握产业发展方向，提高五象新区产业产出率。五象新区只有在功能、产业、人口、交通、公共服务等配套方面更加完善，才能形成有序安排、良性互动的局面。

一是高端先进原则。在产业定位的把握上，要注重国家级新区在产业选择上的中高端导向，引导国家级新区在产业布局上优化升级，重点在高端领域进行产业布局。五象新区可利用周边优越的人才优势，打造面向东盟国家的先进制造业基地，发展总部经济、物流中心、商贸中心等现代服务业。

二是前沿先导原则。前沿先导产业是引领未来产业发展的重要方向，在国家级新区建设上，只有把握住先导产业，才能赢得长期的繁荣发展。五象新区可利用南宁首府人才优势，扎实推进研发、设计及其产业化步伐，瞄准市场前沿，紧抓时代机遇，努力在未来城市竞争中抢占先机，将五象新区打造成更具影响力和带动力的国家级新区。

三是绿色低碳原则。五象新区产业发展要着重突出绿色发展理念，将绿色发展、节能降耗融入新区建设中。要以生态宜居为重要的产业发展导向，提升城市人口集聚力必须从改善新区环境质量、提升绿色发展能力入手，这就要求五象新区在产业发展上突出生态环保理念，将生态指标、绿色指标用活用好，促进产业实现绿色低碳循环发展，坚决抵制高污染、高排放的产业入驻五象新区。

四是内涵提升原则。文化创意产业是极具影响力和附加值高的产业类型，五象新区在产业功能选择上，应注重提升城市发展内涵。第一，将文化底蕴和历史传承保留延续下来，保住特色、留住乡愁。通过积极开发广西特有的民族民俗、历史文化、自然山水等资源，通过文化创作、包装宣传，提升五象新区的形象内涵。第二，内涵是指城市的产品标签和产业品牌，五象新区必须有属于自己的品牌，有属于地方的特色产品，从而打造五象新区的名片和标签。第三，积极提升五象新区教育、医疗、文化、商业、交通、通信等领域的文化品质，打造面向大众的文化街区、文化景观等。

（二）五象新区产业功能选择

五象新区发展应向先进地区对标看齐，发挥五象新区优势，加快产业要素集聚，推动产业结构调整，大力发展新经济、新业态，不断增强五象新区产业发展能力。五象新区产业体系见图3-1。

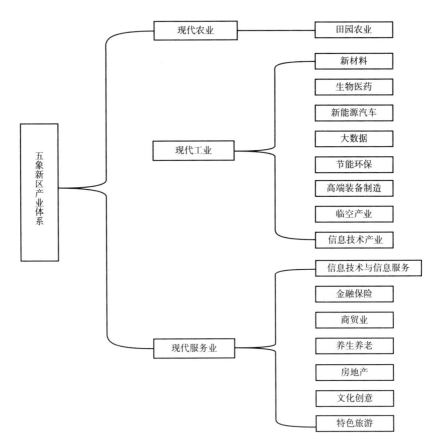

图 3-1　五象新区产业体系

1. 现代农业

田园农业。大力发展乡土特色产业，创响一批"独一份""特别特""好中优"的乡村产业"金字招牌"，推动特色产业高质量发展。优化乡村休闲旅游，突出乡村旅游文化特色，丰富乡村旅游产业类型，引导乡村旅游高质量发展。与大健康产业深度融合，将田园农业打造成为五象新区新的经济增长点。

2. 现代工业

新材料。新材料产业是未来经济发展的主导产业，在产业发展格局中具有重要的引领意义。五象新区要立足区域产业发展基础，积极引入适宜性新材料产业，以铝基新材料为基础，加快培育壮大新材料产业。

生物医药。充分挖掘和发挥广西中医药、民族医药的特色优势，立足区内现有产业发展基础，开发中成药、民族药新制剂，加强资源整合，延伸产业链条，加快引进龙头企业，培育壮大知名品牌，全面提升产业发展层次和附加值。

新能源汽车。依托源正新能源汽车等企业，推动新能源产业发展壮大，积极配套发展新能源汽车相关装备制造，开发汽车、装备材料等新能源产品，延伸和拓展产业链条，打造新能源汽车专业产业园。

大数据。把握互联网发展趋势，积极推动大数据产业发展壮大。为满足电子信息、健康养老、休闲旅游、跨境商贸、两化融合等发展需要，积极搭建大数据平台，开展数据开发服务，探索建立个人健康档案数据库。

节能环保。重点推动环保技术装备、半导体照明、高效节能装备制造产业，扶持发展工程机械、机床、废弃机电设备、电线电缆、家电、汽车、手机、铅酸电池、塑料、橡胶等再制造和循环化利用产业。积极配套发展节能环保服务业，增强节能环保和绿色发展能力。

高端装备制造。依托南宁国家经济技术开发区、新兴产业园等主要片区在装备制造领域的发展优势，重点培育发展机械制造、高端装备、新能源汽车和节能环保装备等产业类型，引领带动产业体系迈向中高端。

临空产业。立足邻近南宁吴圩国际机场的区位优势，重点发展临空物流、临空高技术等产业，着力引进一批知名航空公司，大力发展航空食品、跨境电商产业，可借助与海南航空合作基础，引进海南航空临港产业运营商，实现临空产业发展的跨越式发展和市场化运营。

信息技术产业。依托中国 – 东盟信息港，全力加快中国 – 东盟信息港南宁核心基地建设，重点吸引云计算、大数据、电子商务、科技创新、北斗导航应用、智慧城市、智能制造（3D 打印）、服务外包和与之关联的新一代信息技术等业态，着力推动相关产业项目及企业入驻，积极促进已落地产业项目加快建设、早日建成，并开展相关业务。

3. 现代服务业

信息技术与信息服务。依托富士康科技园，发挥富士康南宁科技园研发检测认证中心等的优势，重点发展包括电子书、智能手机、GPS、高端路由器、高端交换机网卡等在内的高端电子产品。加快中国 – 东盟信息港建设，加快建设面向东盟的网络视听基地、北斗产业园、智慧城市产业园、技术转移中心、检验检测中心及认证中心等产业集聚区，搭建信息共享平台。建设大宗商品交易所、跨境金融合作平台、跨境电子商务平台、"单一窗口"电子口岸、远程医学中心、医疗保健合作中心等，搭建基础设施、技术合作、经贸服务、信息共享、人文交流五大平台，打造面向东盟的区域性国际信息产业新高地，与东盟国家携手共建"信息丝绸之路"。

金融保险。立足总部基地金融街发展，积极引进银行、保险等金融机构和企业入驻，重点依托交通银行、邮储银行、兴业银行以及平安保险、太平保险等大型企业，积极拓展各项金融业务，加快引进外资银行。

商贸业。五象新区重要的战略定位是金融商贸中心，应着力建设中央商务区，积极顺应新兴业态发展趋势，创新发展餐饮、零售、住宿等服务业。

养生养老。立足五象新区生态、医疗、教育等优势，顺应老龄化社会发展需要，重点发展智慧养老平台、健康数据中心，完善医疗服务站点，提升民生保障能力，打造区域性重要的养生养老产业基地。

房地产。五象新区规划用地较为广阔，未来人口集聚能力将得到显著提升，要通过发展房地产，提升五象新区人口集聚力，大力发展品质房产，提升房地产建筑层次和发展水平。

文化创意。立足信息技术和新业态发展，积极利用新技术、新手段，采用新业态、新模式，充分挖掘广西历史文化新内涵，赋予传统文化以新活力，提高文化创意产业产值，推进实施一批重大文化建设项目，以文化创意集聚人气，增添五象新区文化活力，打造文化五象，树立五象新区发展新形象。

特色旅游。结合五象新区山川自然景观，积极开发历史文化、民族民俗、自然山水资源，打造旅游景观，积极创建3A级、4A级旅游景区，提升景区配套服务质量，发展体验式、休闲式等旅游业态，运用电商、微信、自媒体等平台工具开展旅游宣传，打造精品旅游线路。

四　五象新区产业功能布局

借鉴其他国家级新区布局理念，充分结合中国－东盟开放合作重要平台、西南中南开放发展重要窗口、"一带一路"有机衔接先行区、民族沿边地区可持续发展示范区、西南地区领先的标杆新区等五象新区战略定位，秉承科学合理、生态和谐、宜居宜业的理念，规划完善五象新区布局。坚持问题导向，采取得力有效措施，完善周边配套，突破发展瓶颈，尽早推动新产业、新技术、新项目早日布局建设。

（一）基本原则

一是产业互补原则。在产业布局上，要充分尊重和体现产业集聚发展的市场需要，促进产业集聚和产业链延伸，通过前向关联、后向关联和旁侧效应带动其他产业共同发展。当关联强度大的产业得到优先发展时，对上下游产业和周边产业具有较大的拉动和辐射作用，还可能派生出一些次级产业。主要产业会产生强大的连锁和加速效应，次级产业对其他产业有进一步的促进效应，从而推动整个地区的产业发展。五象新区要在产业关联上准确把握主导产业、支柱产业发展方向，重点引进一批带动力强、经济效益好的产业，在布局上形成紧密配套，加快推进五象新区产业培育壮大。

二是协作发展原则。经济的持续、稳定、健康发展取决于不同产业和不同经济部门之间的协调与合理配置，同时产业之间也要存在相当的关联度。要充分发挥主导产业优势，形成周边产业技术扩散和辐射带动效应，吸收周边地区发展缓慢产业的反馈信息，最终实现区域资源整合和协同发展。在选择区域的产业功能时，要从实际出发，同时与其他区域建立起分工协作关系，使各区域产业结构能够体现自身的优势和特色。在产业布局上，要充分结合周边区域产业发展特征，与周边市县实现错位竞合、协作发展。

三是集约发展原则。要充分考虑五象新区综合性功能的特点，结合发展目标和产业定位要求，合理进行土地利用布局和功能区划，提高专业化程度，扩大产业层次，形成配套设施，防止同质化恶性竞争。在工业布局上，要发挥产业集聚效应和规模效应，形成合理的产业链和具有明显优势的产业集群。切实实现集约集聚发展，最大限度地发挥土地和开发建设的综合效应。

四是生态循环原则。要始终高度重视生态建设和环境保护，妥善处理开发建设与资源保护的关系，最大限度地降低对自然生态的不利影响和对自然资源的消耗。在产业整体布局上，提倡发展循环经济；在具体布局上，应在总部基地和工业园内形成生态社区格局。五象新区建设应突出天人合一、自然和谐的理念，按照山川走向和水势，结合五象新区的气候条件，体现地方色彩和气候标志，积极打造环境优美、气候宜人、人与自然和谐的典范新区。

（二）产业功能布局的基准

城市新区的开发建设有着特定的时序坐标和地理坐标，新区产业选择的影响因素来自多方面，在进行产业功能布局时需要遵循一定的基准。

一是基础条件（包括物质基础、空间基础），主要融合比较优势和资源有效配置的基准。物质基础指的是新区资源、经济发展基础等，空间基础指的是空间区位条件、可利用的建设用地等。一个地区的产业功能布局必须考虑该地区的资源条件，资源优势是产业形成的基础。资源有效配置是指确定选择哪种工业功能最有利于发挥该地区的资源优势，能够实现资源的有效整合，同时要考虑产业对劳动力的容纳程度。

二是发展平台（包括产业规模、发展水平、非产业平台），主要反映产业关联度和经济效益。产业规模达到一定水平后，可以通过联动效应带动或推动周边一系列部门的发展，使这些部门能够对其他部门产生促进作用，从而产生广泛而深入的连锁反应，逐步推动经济社会发展。发展水平是产业经济效益的反映，由于原材料、能源基础和管理水平的差异，同一地区的不同产业部门也会存在生产成本和经济发展水平的差异，因此在产业结构中提高投入少、见效快、产出多的产业部门的比重，可以更好地促进经济增长。非产业平台是指服务于生产功能的中介、行政办公等服务环境。

三是支撑要素（包括政策支撑、要素支撑、配套支撑），主要是从产业的增长潜力和比较优势角度出发设定的。要素支撑指的是新区可利用范围内的人力、土地、资金等要素，配套支撑主要是指交通、基础设施等硬件配套。只有具备较为充分的资源条件，才能确保产业具有可持续发展的能力，从而促进新区经济持续健康发展。

四是市场因素，包括产业的可持续发展能力和市场规模。巨大的市场需求是促进经济发展的根本动力，大批量的生产有利于生产技术的进步和成本的降低，有利于市场的发展，进而刺激有关部门的创新和发展。

（三）五象新区产业功能布局："一核、两廊、五区"

根据资源环境承载能力和发展潜力，通过对五象新区基础配套设施、公共服务设施、现代产业体系、现代服务业集聚发展、面向东盟以及共建"一带一路"国家的开放合作、生态宜居、民族和谐等要素条件进行系统的分析，加快推进新型工业化、信息化、城镇化、农业现代化"四化"互促互补发展，促进生产空间、生活空间和生态空间协调发展，按照生态五象、活力五象、智慧五象的发展理念，着力构建"一核、两廊、五区"空间发展格局。

1. "一核"

"一核"即五象新区核心区，规划面积为175平方公里。要按照"高水平规划、高质量建设、高速度推进"的要求，着力拓空间、强功能、兴产业、提品质。突出行政办公、信息服务、高端商业、总部经济、体育文化、健康养老等功能，打造服务中国－东盟自由贸易区的国际通信网络和信息枢纽、面向东盟的跨境金融合作基地，加强"科技创新、项目孵化、产业集聚、国际交流"四大平台建设。加快中国－东盟信息港建设，推动启动区金融保险、商贸物流、文化创意、信息服务和房地产业发展，加快建设总部基地金融街、蟠龙片区组团等，在龙岗商务区重点打造具备居住、商贸服务、教育文化等功能的城市综合居住片区。建成国家绿色生态示范城区，营造一流发展软环境，力争把五象新区打造成为广西城镇化建设标杆。将五象新区建设成为面向东盟的区域性总部经济企业及金融中心、服务中国－东盟自由贸易区的国际通信网络和信息枢纽。依托南宁独特的区位及政策优势，大力发展面向自贸区的商务总部经济，吸引具有总部特征的企业入驻五象新区，使五象新区"总部经济"集聚效应逐渐释放。

2. "两廊"

一是五象岭森林公园－良凤江国家森林公园生态走廊。加强生态绿地、水体和城市清洁空气廊道建设，加强水资源保护和合理利用，保持基本水系格局。二是以中国（南宁）国际园林博览园为支点的八尺江沿线生态走廊。作为城市功能区的延伸，重点发展生态旅游、养老休闲等，建设成为统筹城乡发展的综合示范区。

3. "五区"

"五区"主要是指南宁经济技术开发区、南宁吴圩空港经济区、南宁江南工业园沙井片区、五象新区牛湾港作业区、五象新区新兴产业园区。

南宁经济技术开发区。规划面积为37.8平方公里，重点加强民族医药研发，提升生物制药产业，发展壮大先进机械制造产业，推动轻工食品产业发展。引导传统产业绿色低碳循环发展，打造西南中南地区重要的复合型循环经济示范区。

南宁吴圩空港经济区。规划面积为128.4平方公里，依托南宁吴圩国际机场，加快吴圩国际机场第二高速、吴圩至大塘高速建设，密切内外交通联系。研究引进海南航空临港产业运营商，共同培育空港物流、航空维修制造、临空高技术、空港商务四大临空产业集群，培育特色农业、旅游休闲、商贸服务、教育培训等临空衍生产业，打造临空产业集群，建设成为现代化的空港经济区产业体系。推进与综合保税物流体系的全面融合发展，打造成为跨境电商集散分拨中心、新兴航空产品制造基地和对接东盟的国际区域性飞机综合维修基地。

南宁江南工业园沙井片区。规划面积为 31 平方公里，按照"一区多园"的模式进行开发建设，打造新型工业强区，全力推进电子科技信息产业发展，培育产值为千亿元级的电子信息产业，落实"中国制造2025"，大力发展电子信息及其配套产业，加快发展新型电子元器件、数字家电和智能仪表、智能机器人等产业。提升城市功能品质，推进沙井片区产城融合发展。以富士康为龙头，重点扶持富士康建设东盟硅谷科技园、东盟大数据中心、东盟软件园。加强会展营销和服务，全力办好轻工展，开发"会展+旅游""会展+休闲"等新型业态。同时，培育发展新能源、生物医药等战略性新兴产业，以华电新能源为核心，布局光伏发电产业，实施新能源公交、绿色电力等重点工程。以东盟国际医疗健康电子产业园建设为载体，以维威制药为龙头，大力发展生物医药产业。

五象新区牛湾港作业区。规划面积为 13 平方公里，依托西江黄金水道，大力发展西江黄金水道航运要素交易和港口散货交易，加强以中转服务为核心的物流节点建设，推动临港加工和商贸物流业发展，打造成为港城港产联动、服务珠江－西江经济带和广西北部湾经济区发展的重要航运枢纽。

五象新区新兴产业园区。规划面积为 35.3 平方公里，依托广西源正新能源汽车有限公司、中车南宁产业基地、南南电子汽车新材料精深加工技术改造、桂台丝绸、牛湾物流园区等项目建设，引进培育一批科技含量高、创新能力强、发展前景好的新兴产业龙头企业，推动发展新能源汽车、城市轨道车辆、高端装备制造以及电子信息、新能源、节能环保等战略性新兴产业，承担国际产能合作服务基地建设等战略任务，加快蒲庙、良庆两镇总体规划和土地利用总体规划修编，打造成为广西战略性新兴产业集聚区和南宁经济腾飞新引擎。

五 对策建议

（一）加强组织领导，完善政府职能

积极争取国家在规划编制、政策实施、体制创新、项目布局、产业合作、对外开放等方面加大对五象新区的扶持力度，为五象新区发展营造良好的环境。自治区和南宁市要切实加强对五象新区建设的组织领导，组织修编五象新区总体规划、五象新区实施方案等，制定出台加快五象新区发展的实施意见，在有关政策、资金、用地、重大项目安排上向五象新区倾斜。

加快政府职能转变，推进五象新区行政审批制度创新，尽早出台五象新区行政审批事项目录清单和市场准入负面清单，大力精简行政审批事项。推进五象新区法治建设，完善管理体制机制，创新选人用人机制、薪酬机制和奖惩机制。优化五象新区建设和管理机制，提升政务服务水平，探索行政区与功能区融合发展的运行机制，实现城市建设与社会管理职能高度协调融合。完善五象新区管理机构设置，按照精简高效、结构合理、责权一致、执行有力的要求，建立扁平式的新型行政管理体制，适时优化调整行政区划。

（二）完善政策支持，强化融资保障

继续加大五象新区财政投入力度，创新财政专项资金投入机制，建立政府投资项目资金统筹平衡机制，建立健全覆盖政府所有收支的预算体系。深化落实沿边金融综合改革各项政策措施,鼓励开发性金融机构加大对五象新区的综合金融支持力度。优先在五象新区布局重大产业项目,支持各类先进生产要素向五象新区集聚。对五象新区建设用地实施单列,实施划拨土地使用权分期供地、工业用地"先租后让"、城乡建设用地指标增减挂钩、土地作价入股等试点。

(三) 扩大开放合作,拓展交流空间

主动参与西部陆海新通道建设,全面对接粤港澳大湾区,积极扩大开放合作,拓展交流空间,紧紧把握面向东盟金融开放门户南宁核心区、打造中国-东盟金融城重大机遇,全方位扩大五象新区高水平开放。聚焦目标任务,抓好重大项目建设,大力实施开放带动战略,将南宁保税区打造成为广西开放的窗口。充分整合资源,加快推动面向东盟的跨境电商物流体系建设,打通中越跨境新通道。增强五象新区基础设施互联互通能力,加快多式联运建设,推动南宁国际空港综合交通枢纽建设。把握新时期,抓好新机遇,深度拓展五象新区交流空间。

(四) 创新体制机制,推动创新创业

深化与东盟国家以网络互联、信息互通、合作互利为基本内容的创新合作机制,促进加快构建更为紧密的中国-东盟利益共同体。积极探索金融业务创新、金融共享机制及风险规避机制。按照协同发展的创新管理模式,大胆探索、先行先试,促进五象新区功能区与行政区形成相辅相成、分工明确、互为支撑、协调一致的"小政府、大社会"管理体制机制。积极探索"四化同步"发展机制,强化统筹协调机制,形成生产空间、生活空间和生态空间布局合理、产城融合、城乡一体的发展格局。

建立健全创业投资引导机制,积极支持设立青年创业基金等,

引导社会资金支持大众创业。加快建设"互联网＋创新创业示范区"，建设大学生创业园、创业孵化基地、大学生见习基地等，加快众创空间和新型创业平台、研究平台、人才平台、资金平台建设，鼓励国内外青年到五象新区创新创业。搭建面向东盟国家的智库合作交流平台，完善人才支撑服务体系，鼓励专家学者、科研人员、大学生群体创新创业。

（五）完善基础设施，提升智能化水平

紧抓广西"信息网"基础设施建设三年大会战机遇，强化五象新区"信息网"基础设施建设，加快五象云谷云计算数据中心建设，提升五象新区数字基础设施支撑能力，扩大中国－东盟信息港影响力，推动五象新区经济社会各领域与数字经济深度融合，促进新区数字经济提速提质，不断提升智能化水平，促进大数据、云计算、人工智能等产业蓬勃发展。强化五象新区智能电网建设，做好电网规划与国土空间规划的衔接与融合，不断优化和提升电网设备智能化水平，进一步推动五象新区智能化应用普及，将五象新区打造成为智能电网示范区。

（六）促进产城融合，培育特色小镇

按照"现代、生态、便利、特色"发展的要求和"组团开发、（地）上（地）下结合、配套发展"的集约化建设思路，科学统筹生产、生活、生态等各类功能区。促进"多规合一"，高水平规划、高质量建设、高速度推进五象新区启动区建设，建成区域性高端服务业集聚区。完善提升五象新区新兴产业园区、南宁经济技术开发区等的城市配套服务功能，推进产业园区向现代化产业新城转变。

坚持"适用、经济、绿色、美观"的建筑方针，依托特色产业基础，推进新型城镇化综合试点，整合民俗特色资源，传承创新优秀民族民间文化遗产，因地制宜创建特色小镇。

1. 筑梦小镇

筑梦小镇的功能定位为打造集办公、金融、展示、科研、信息交流于一体的企业总部集聚区。在此功能定位的基础上，重点打造"互联网电商创业 + 天使风投"模式的筑梦小镇。筑梦小镇的主要功能由"互联网电商创业"和"天使风投"两个板块构成，其中"互联网电商创业"板块重点鼓励和支持"泛大学生"群体创办电子商务、软件设计、信息服务、智能软件、网络安全、动漫、游戏设计等互联网相关领域的产品研发、生产、经营和技术服务企业。

2. 足球小镇

五象新区作为南宁市未来的城市核心区，坐拥南宁市最优质的体育场馆资源，应抓住南宁市足球产业起步发展的历史性机遇，抓住"中国杯"国际足球锦标赛连续五年落户广西南宁的重要机遇，着力打造南宁市足球小镇。注重与国内外相关领先企业合作，借助外力，加快建设进程，提高项目档次。

3. 酷乐小镇

酷乐小镇的主要功能定位包括三个层次：一是旅游小镇，体验东南亚民族风情建筑和邕江沿岸旅游；二是运动小镇，引进各类新奇有趣的游乐设施及时尚运动项目，引领"酷乐"运动新时尚；三是产业小镇，打造南宁市体育旅游产业生态链。

4. 跨境贸易小镇

充分利用地处广西首府南宁，自身商贸物流、电子商务以及信息技术人才、资源相对集聚的优势，打造跨境贸易小镇，将五象新区建设成为面向东盟跨境电子商务的中心、中国与东盟国家间网上销售的主渠道。应结合中国 – 东盟信息港建设，依托综合保税区的海关、检疫、保税仓储以及南宁跨境贸易电子商务综合服务平台和周边物流项目资源等，对中国－东盟电子商务产业园进行规划调整，重点发展跨境O2O体验展示中心、跨境电商总部楼宇、众创空间、数据中心，以及金融、外汇、财务、酒店、人才公寓等产业配套设施。

5. 那马生态农旅小镇

紧抓那马镇坛板坡现代特色农业核心示范区和无公害蔬菜基地建设契机，加快建设那马生态农旅小镇，促进现代特色休闲农业与特色智慧旅游相结合，形成特色明显、优质高效和持续增长的现代特色农业旅游融合发展格局。进一步打造提升那马镇旅游品牌，整合坛板坡现代化都市观光农业、现代化农业科普、鳄鱼养殖基地、雄牛水牛奶基地等资源，加强基础设施配套建设，提升、包装那马一日游精品线路，把那马镇打造成为乡村休闲和农业观光旅游特色小镇。

（七）推进低碳发展，构建绿色体系

积极创建国家级绿色生态示范区、国家绿色生态示范城区、亚太经合组织（APEC）低碳示范城镇等，加快建立源头预防、过程控制、损害赔偿、责任追究的生态文明制度。实施节能工程，推广应用江水源热泵等新能源技术，大力发展绿色节能建筑，确保所有新建建筑达到绿色建筑标准。积极推广新能源技术，强化节能减排强制约束机制，确保五象新区工业达到清洁生产先进标准。倡导五象新区居民推行绿色健康的生活方式和消费模式，形成绿色出行、低碳消费，全面推动五象新区绿色、循环、低碳发展。针对五象新区内的重点园区，实施循环化改造，打造资源高效利用、经济持续发展、环境优美清洁、生态良性循环的国家级示范园区。

依托五象新区两大生态走廊，合理规划布局公园、绿地等绿色生态空间，提升公园品质，高标准打造五象岭森林公园和良凤江国家森林公园，高水平规划建设中国（南宁）国际园林博览园。实施五象新区精品线路园林景观提升工程、重要景观节点园林绿化改造提升工程、滨水景观廊道工程、绿道慢行交通网络工程等，打造一流的城市景观。扩大五象新区人均公园绿地面积，提高城市绿地率，积极构建绿色生态体系。优化街区路网结构，推动发展开放便捷、尺度适宜、配套完善、邻里和谐的生活街区，营造城市绿色生态宜居环境。

第四章　五象新区建设发展战略任务研究

为充分把握五象新区建设发展方向，在高度衔接自治区、南宁市目标任务的基础上，深入分析五象新区的区位条件、产业基础、承载能力、对外开放等发展条件，进而明确五象新区的战略定位。就自治区而言，建设五象新区是助推"三大定位"新使命完成、打造"四维支撑、四沿联动"发展新格局的重要支撑。就南宁市而言，建设五象新区是配合南宁市向南发展战略的需要，是提升首位度、再造一个新南宁的重要着力点。目前，五象新区已初步形成配套完善的基础设施和公共服务设施体系，产业发展基础扎实，生态宜居环境建设卓有成效，规划范围和各项指标均达到《新区设立审核办法》及实施细则规定的设立条件。深入分析和牢固把握五象新区建设发展的战略任务，对助推五象新区成功迈入国家级新区行列、提升南宁城市发展品质具有重要的研究价值。

一　国家级新区建设的战略导向

国家级新区建设发展的战略任务既高于其他新区的发展定位，也具有自身的发展特点，重点体现在综合配套改革、开放发展、特色产业发展、中心城市建设、辐射区域等方面。在把握五象新区产业发展的基础上，要充分参考国家级新区的战略定位，结合自治区、南宁市经济社会发展需要，提出科学合理、切实可行的战略定位，以更好地服务于五象新区建设。

目前，全国各地纷纷兴起了开发建设城市新区的热潮，各类城市新区如火如荼地在全国各地开展起来，这些新区均有各自不同的战略定位和发展要求。从国家级新区发展的角度来说，战略定位主要在把握新区发展基础、明确新区发展方向、探索新区发展路径和落实新区发展任务等方面发挥了重要作用。从已有国家级新区的战略定位来看，国家级新区肩负着以下使命。

（一）推进综合配套改革

从目前国家级新区发展的战略定位来看，18 个国家级新区均属于国家综合改革示范区和专项领域改革试验区。总体来看，国家级新区在建设上往往侧重综合配套改革，探索改革经验，为其他地区提供改革示范，进而适时稳步推开。在综合配套改革上，国家级新区着重于破除体制机制障碍，推动改革事项先行先试；具有明确的综合改革方向和切实可行的改革方案；充分发挥地方创造性，形成上下联动的协同发展机制，确保改革成效。例如，上海浦东新区综合配套改革的重要思路是围绕发展服务型经济进行体制机制创新，重点在现代服务业领域探索更多全国领先的改革经验，着力推动"三个转变"，即从以制造业为主的经济结构转变为以服务业为主的产业结构，从要素驱动型发展模式转变为创新驱动型发展模式，从传统模式下的政府管理方式转变为适应经济社会的政府管理方式。天津滨海新区综合配套改革则重点围绕高端制造业发展，推动体制机制改革，以"十大战役"为实施载体，重点推动"十大改革"①，

---

① "十大战役"包括加快南港区域建设、加快临港工业区建设、加快核心城区建设、加快中心商务区建设、加快中新天津生态城建设、加快东疆保税港区建设、加快滨海旅游区建设、加快北塘区域建设、加快西部区域建设、加快中心渔港建设；"十大改革"包括以率先基本建成完善的社会主义市场经济体制为目标，在系统深化管理体制、行政审批、土地管理、保障性住房、医疗卫生五大改革的基础上，加快推进金融创新、涉外经济、城乡一体化、国企改革和非公经济发展、社会管理创新五大改革。

为高端制造业发展服务。重庆两江新区则从统筹城乡发展角度推动综合配套改革，探索"以城促乡"的城乡均衡发展模式。五象新区在改革定位上，应把握国家深化改革的方向和自身发展基础，创造改革实施条件，结合自身发展定位，重点在打造"民族地区新型城镇化示范区"和"中国（北部湾）自由贸易先行先试区"上做足文章。18个国家级新区改革定位概况见表4-1。

表4-1　18个国家级新区改革定位概况

序号	名称	改革定位
1	上海浦东新区	围绕发展服务型经济进行体制机制创新的综合改革试验区
2	天津滨海新区	围绕发展高端制造业进行体制机制创新的综合配套改革试验区
3	重庆两江新区	统筹城乡综合配套改革试验的先行区
4	浙江舟山群岛新区	海洋海岛科学保护开发示范区、陆海统筹发展先行区
5	兰州新区	承接产业转移示范区
6	广州南沙新区	社会管理服务创新试验区
7	陕西西咸新区	中国特色新型城镇化的范例
8	贵州贵安新区	生态文明示范区
9	青岛西海岸新区	军民融合创新示范区、海洋经济国际合作先导区、陆海统筹发展试验区
10	大连金普新区	老工业基地转变发展方式的先导区、体制机制创新与自主创新的示范区、新型城镇化和城乡统筹的先行区
11	四川天府新区	统筹城乡一体化发展示范区
12	湖南湘江新区	产城融合、城乡一体的新型城镇化示范区，全国"两型"社会建设引领区
13	南京江北新区	自主创新先导区、新型城镇化示范区
14	福州新区	改革创新示范区和生态文明先行区
15	云南滇中新区	西部地区新型城镇化综合试验区和改革创新先行区
16	哈尔滨新区	老工业基地转型发展示范区
17	长春新区	创新经济发展示范区、体制机制改革先行区
18	江西赣江新区	长江中游新型城镇化示范区、美丽中国"江西样板"先行区

资料来源：根据相关资料整理。

（二）打造开放发展高地

国家级新区在开放带动方面一直走在全国前列，国家级新区中很多是综合保税区、国际自贸区、海关特殊监管区等，在引领开放发展方面，具有重要的战略地位。在空间布局上，国家级新区优先布局在沿海、内陆开放高地等，在内外联动发展中做出了重大贡献，国家级新区开放发展进程呈现从沿海到内陆、从重点地区到全面开放的发展格局。从18个国家级新区开放发展的定位来看，国家级新区的开放方向和开放重点是依照新区区位、经济等条件决定的，五象新区在开放定位层面要紧紧抓住广西同时具备沿海、沿江、沿边区位条件的独特优势，结合"三大定位"要求，深入实施"四维支撑、四沿联动"发展战略，主动融入粤港澳经济圈，打造服务西南中南的战略支点，拓展与东盟的开放合作，积极对接发达经济体，全面提升开放带动作用。18个国家级新区开放定位概况见表4-2。

表4-2 18个国家级新区开放定位概况

序号	名称	开放定位
1	上海浦东新区	"四个中心"——国际经济中心、国际金融中心、国际贸易中心、国际航运中心的核心区，开放和谐的生态区
2	天津滨海新区	北方地区对外开放的门户
3	重庆两江新区	内陆地区重要的先进制造业和现代服务业基地、长江上游地区的金融中心和创新中心、内陆地区对外开放的重要门户
4	浙江舟山群岛新区	长江流域和长江三角洲对外开放的海上门户和通道
5	兰州新区	西北地区对外开放的重要窗口和门户
6	广州南沙新区	共建粤港澳优质生活圈的示范区、探索新型城市化模式的先行区、创新社会管理的试验区、率先形成与港澳营商环境接轨的融合区、建设珠三角城市群综合服务的共享区

续表

序号	名称	开放定位
7	陕西西咸新区	引领内陆型经济开发开放战略高地建设的国家级新区,彰显历史文明、推动国际文化交流的历史文化基地,统筹科技资源的新兴产业集聚区,城乡统筹发展的一体化建设示范区
8	贵州贵安新区	南方数据中心核心区、全国大数据产业集聚区、全国大数据应用与创新示范区、大数据与服务贸易融合发展示范区、大数据双创示范基地、大数据人才教育培训基地
9	青岛西海岸新区	海洋科技自主创新领航区、深远海开发战略保障基地、军民融合创新示范区、海洋经济国际合作先导区、陆海统筹发展试验区、亚欧大陆桥东部重要端点
10	大连金普新区	东北地区振兴、促进东北亚合作的重要窗口
11	四川天府新区	中国西部地区的核心增长极与科技创新高地,以现代制造业和高端服务业为主、宜业宜商宜居的国际化现代新区
12	湖南湘江新区	中部地区融入"一带一路"倡议和长江经济带等国家战略的重要平台
13	南京江北新区	中国重要的科技创新基地和先进产业基地、南京都市圈的北部服务中心和综合交通枢纽
14	福州新区	两岸交流合作重要承载区、扩大对外开放重要门户、东南沿海重要现代产业基地、改革创新示范区和生态文明先行区
15	云南滇中新区	面向南亚东南亚辐射中心的重要支点、云南桥头堡建设重要经济增长极、西部地区新型城镇化综合试验区和改革创新先行区
16	哈尔滨新区	中国唯一的以对俄合作为主题的国家级新区
17	长春新区	中俄全面合作重要承载区、特色国际文化旅游聚集区
18	江西赣江新区	中部地区崛起和长江经济带发展的重要支点,成为全省创新的引领区、开放的先行区、改革的试验区、合作的示范区和发展的重要增长极

资料来源:根据相关资料整理。

（三） 推动产业集聚发展

国家级新区要建设成为区域产业集聚和转型升级的领跑者，要有效带动区域经济快速发展。现有的国家级新区，尽管区位不同、基础不一、定位各有侧重，但如果在发展战略上进行高起点定位和获得一系列国家优惠政策的支持，国家级新区都能形成强大的"磁场效应"，成为区域产业集聚与转型升级的领跑者和经济发展的新引擎。例如，上海浦东新区顺应产业发展方向，结合上海国际化大都市的特点，产业发展模式从第二、第三产业同步发展转型到大胆实践以金融贸易、高技术服务业为主体的产业发展模式，努力建设成为国际区域性经济、金融、贸易、航运中心。天津滨海新区利用雄厚的石油化工、海洋化工、造船和物流等工业基础以及大量可供开发的滩涂资源，形成了以重化工业为主导的发展格局。因此，五象新区创建国家级新区，要充分把握现代、高端、开放、生态等发展方向，重点建好先进制造业、现代服务业和生态产业集聚区。部分国家级新区产业定位概况见表4-3。

表4-3 部分国家级新区产业定位概况

序号	名称	产业定位
1	上海浦东新区	"四个中心"——国际经济中心、国际金融中心、国际贸易中心、国际航运中心的核心区
2	天津滨海新区	高水平的现代制造业和研发转化基地、北方国际物流中心
3	重庆两江新区	内陆地区重要的先进制造业和现代服务业基地、长江上游地区的金融中心和创新中心等
4	浙江舟山群岛新区	我国大宗商品储存中转加工贸易中心、重要的现代海洋产业基地
5	兰州新区	国家重要的产业基地、承接产业转移示范区
6	广州南沙新区	以生产性服务业为主导的现代产业新高地、具有世界先进水平的综合服务枢纽

序号	名称	产业定位
7	贵州贵安新区	内陆地区开放型经济新高地和生态文明示范区
8	青岛西海岸新区	海洋科技自主创新领航区
9	大连金普新区	老工业基地转变发展方式的先导区
10	四川天府新区	现代高端产业集聚区
11	湖南湘江新区	高端制造研发转化基地和创新创意产业集聚区
12	南京江北新区	长三角地区现代产业集聚区
13	福州新区	东南沿海重要的现代产业基地
14	哈尔滨新区	老工业基地转型发展示范区和特色国际文化旅游聚集区
15	长春新区	创新经济发展示范区
16	江西赣江新区	中部地区先进制造业基地

资料来源：根据相关资料整理。

（四）形成新的经济增长极

国家级新区在形成新的经济增长极、推动所在城市经济发展升级方面具有重要作用，对各地经济发展发挥了极大的推动作用。国家级新区具有巨大的"磁场效应"，往往在推动改革、招商引资等方面具有重大的促进作用，进而带动经济增长和城镇发展。例如，上海浦东新区 GDP 占上海市的比重由 1990 年的 7.67% 提高到 2015 年的 28.84%，天津滨海新区 GDP 占天津市的比重从 2006 年的 44.43% 提高到 2015 年的 56.66%，重庆两江新区 GDP 占重庆市的比重从 2010 年的 12.64% 提高到 2015 年的 13.99%。可见，国家级新区能够极大地激活和集聚各类优质生产要素，实现经济高速增长，崛起为具有区域引领力和带动力的重要增长极。当前，广西经济正处在提档升级、提质增效的转型升级发展的关键阶段，以及新型工业化、新型城镇化加速发展的关键时期，五象新区创建国家级新区有利于助推广西"四化同步"建设和全面小康社会的建成。

（五）辐射带动周边区域

国家级新区的批复和设立大多带有辐射带动周边区域发展的政策意图，国家级新区大多位于国家优先开发区域和国家重点开发区域，周边往往有重要城市群环绕，如上海浦东新区、浙江舟山群岛新区所在的长三角城市群，天津滨海新区所在的京津冀城市群，广州南沙新区所在的珠三角城市群。因此，国家级新区选址在重要城市群中的中心城市，其建设往往能够带动区域基础设施联通、要素流动集聚和市场统一等，形成良好的梯度开发的局面，在促进人口合理集聚、城镇优化布局和区域协调发展等方面具有显著作用。要充分发挥五象新区在广西"双核驱动、三区统筹"区域战略和"四维支撑、四沿联动"开放格局中的重大作用，为优化区域发展格局、带动产业升级、推动小康社会建成等方面做出更大贡献。部分国家级新区经济定位及辐射周边概况见表4-4。

表4-4　部分国家级新区经济定位及辐射周边概况

序号	名称	所属经济区	经济定位
1	上海浦东新区	长三角地区	"四个中心"——国际经济中心、国际金融中心、国际贸易中心、国际航运中心的核心区
2	重庆两江新区	成渝地区	长江上游地区的金融中心和创新中心等
3	浙江舟山群岛新区	长三角地区	我国大宗商品储存中转加工贸易中心
4	兰州新区	兰州-西宁地区	西北地区重要的经济增长极
5	陕西西咸新区	关中-天水地区	西部大开发的新引擎
6	贵州贵安新区	黔中地区	经济繁荣、社会文明、环境优美的西部地区重要的经济增长极
7	大连金普新区	东北地区	引领东北地区全面振兴的重要增长极

续表

序号	名称	所属经济区	经济定位
8	四川天府新区	成渝地区	内陆地区开放经济高地
9	云南滇中新区	滇中地区	云南桥头堡建设重要经济增长极
10	哈尔滨新区	东北地区	东北地区新经济增长极
11	长春新区	东北地区	新一轮东北振兴重要引擎

资料来源：根据相关资料整理。

五象新区要高起点建设，主动承担国家级新区的战略使命，明确战略任务，增强综合承载能力，推动产业转型升级，强化辐射带动作用，集约节约利用资源，不断探索新路径、创造新模式、形成新示范。

二　五象新区建设的基础条件

五象新区位于广西壮族自治区南宁市主城区南面，是中国－东盟信息港的核心基地和北部湾经济区的核心区域，包括南宁市江南区、邕宁区和良庆区的部分区域，规划面积为486平方公里。2006年，南宁市政府提出"建设五象新区，再造一个新南宁"的目标，全面开启南宁市向南发展战略。经过10多年的开发建设，五象新区一大批基础设施和配套建设项目已投入使用，截至2015年常住人口约为68万人，GDP为538亿元，地方财政收入为78.69亿元，实现了"一年新面貌、十年新跨越"，具备创建国家级新区的基本条件。

（一）区位交通优势明显

目前，五象新区主干道路、片区路网建设全面加快推进，"三纵三横"（"三纵"为银海大道、平乐大道、龙岗大道，"三横"为堤园路、五象大道、玉洞大道）主干路网基本建成，内外交通全面贯通，次干路网正在加快建设中。其中，连接老城区的 6 座跨江桥梁（如南宁大桥、五象大桥等）、五象大道、银海大道、玉洞大道、堤园路一期及三期、龙岗大道二期等主干道路均已建成通车。贯穿五象新区的地铁 2 号线、3 号线、4 号线均已开工建设。为提升出行能力，五象新区已开通 26 路、48 路、70 路、601 路、702 路等多条公交线路，基本解决了广西体育中心、五象大道、平乐大道、玉洞大道等片区居民的公交出行问题。未来的五象新区，将是一个畅通的出行圈，与周围城区形成良性互动的通达局面。

（二）综合配套能力较强

1. 教育配套逐渐完善

五象新区在教育设施布局上，引入南宁市教育局直属学校和青秀区、西乡塘区等城区优质教育资源，采取"核心校 + 分校"的集团化办学模式，以委托管理的方式优化教育资源配置。目前朝阳中学、南宁四十三中、南宁二十六中五象校区、南宁学院（原邕江大学）已建成并投入使用；南宁三中五象校区、五象新区第一实验小学、滨湖路小学五象校区、衡阳路小学五象校区 4 所学校基本建成并于 2016 年 9 月开始对外招生；滨湖路小学五象校区、秀田小学五象校区、衡阳路小学五象校区、南宁十四中五象初中部等 7 所学校陆续开学招生。南宁一中五象校区已确定选址，广西医科大学国际医药教育中心（五象校区）获立项批复。这一批学校项目的开工建设，将为五象新区提供从幼儿园到大学的全方位优质教学资源，提升居民受教育水平，为五象新区建设注入活力。

2. 医疗设施加快建设

医疗乃民生之本，完善的医疗配套，对一个区域的整体价值具有极大的提升作用。目前，五象新区已规划布局了南宁市第六人民医院、广西医科大学口腔医院、南宁市儿童医院、邕宁区人民医院、良庆区人民医院、南宁市第一人民医院五象院区等多家医院，各项目前期工作加快推进，部分已开工建设。其中，南宁市儿童医院、南宁市第一人民医院五象院区于 2016 年底开工建设，其目标是打造南宁乃至广西三级医院新标杆，极大地改善五象新区的医疗条件。

3. 营造浓厚的文化氛围

文化是城市的灵魂，文化软实力已经成为一个城市的核心竞争力。五象新区以打造广西文化产业城为重要目标，积极提升五象新区整体文化软实力，并为广西人民提供一个内容丰富、设施齐备的公益性文化场所。目前，五象新区规划建设的"三馆三街"（即广西城市规划建设展示馆、美术馆、铜鼓博物馆以及金融街、文化街、民族风情街）中的"三馆"均已建成并投入使用，广西体育中心、广西书画院、南宁青少年中心投入使用，广西文化艺术中心、广西新媒体中心开工建设并加快推进。其中，广西文化艺术中心将建成一座拥有 1800 个座位的歌剧院、一座拥有 1200 个座位的音乐厅、一座拥有 600 个座位的多功能厅，同时动漫展示厅、艺术交流厅、文化展示厅、人工湖及其附属配套设施于 2018 年竣工。这些文化工程的建设为五象新区发展文化创意产业、推动创新创业等提供了平台载体，为打造"文化五象"提供了重要支撑。

4. 商业配套助力商圈发展

五象新区总部基地金融街规划面积约为 2.6 平方公里，涵盖金融、实体经济、总部办公以及行政、教育、商务等配套内容。整个区域计划建设 123 栋楼宇，其中高度在 200 米以上的有 16 栋（包含 4 栋 300 米以上的建筑），最高的是 330 米的双子塔南宁中心，也是金融街的标志性建筑。完善的配套和超前的规划，吸引了万科集团、广州恒大、绿地集团、合景泰富、富力、雅居乐、大唐地产、龙光地产、海尔青啤、上海世茂等世界 500 强企业和全球的银行、保险、证券、咨询等领域的大公司及地产大盘强势入驻，给五象新区总部基地金融街注入了新的活力。商业发展基础条件得到极大改善，为五象新区提升基础、集聚人气、凝聚发展合力创造了重要的条件。

（三）产业现有基础较好

五象新区拥有中国－东盟信息港核心基地、南宁经济技术开发区、南宁综合保税区 3 个国家级平台以及新兴产业园区、南宁吴圩空港经济区、中国－东盟国际物流基地、南宁江南工业园等载体，是中国（北部湾）自由贸易试验区的核心区域，2015 年工业总产值达到 1099 亿元，现已形成新一代电子信息技术、生物医药、轻工食品、机械装备制造以及新能源、新材料、节能环保等优势产业集群。作为沿边金融综合改革试验区建设重点区域的总部基地金融街加快建设，金融保险、商贸物流、总部办公、教育文化、体育健康等现代服务业加速发展，形成了产业布局合理、支撑作用较强的商业聚集区。五象新区已搭建东盟创客城、自主创新试验区、"互联网＋"创业主题孵化基地等创新创业平台，为科技小微企业和大学生创业等提供了重要平台。

（四）发展面临重大机遇

2019 年中国（广西）自由贸易试验区正式揭牌，南宁片区落户五象新区，五象新区成为打造面向东盟的金融开放门户核心区和国际陆海贸易新通道重要节点。随着自治区"强首府"战略的实施，五象新区发展面临重大机遇，有助于推动五象新区加快建立国际开放合作新机制，从而促进五象新区全方位、宽领域、多层次的开放合作，进一步发挥"南宁渠道"作用，促进五象新区经济社会发展提质升级。

三　五象新区建设的战略意义

一是有助于广西"三大定位"新使命的完成。五象新区创建国家级新区，对更好地发挥"南宁渠道"作用、深化我国与东盟国家的开放合作、服务我国周边外交战略具有重要价值，助推形成面向东盟的国际大通道；对促进泛珠三角区域合作深化、提升西南中南地区开放发展水平、推动形成区域发展新格局具有重大意义，助推形成西南中南开放发展新的战略支点。按照国家"一带一路"倡议布局要求，五象新区创建国家级新区，对广西对接东南亚、南亚等地区的发展中国家，以及欧美、日本、韩国等发达经济体具有重要作用，有利于形成"四维支撑、四沿联动"的开放合作新格局，助推形成"一带一路"有效衔接的重要门户。

二是有助于广西经济转型升级发展。五象新区创建国家级新区，有利于培育形成新的经济增长极，打造广西北部湾经济区和珠江-西江经济带联动发展的新引擎，形成引领广西开放发展的新动力；有利于优化区域发展布局，形成带动广西这一革命老区、民族地区、边境地区、贫困地区发展的重要动能；有利于助推广西产业结构升级，加快培育壮大现代农业发展，加速迈进工业化后期阶段，早日形成完善的现代服务业体系，确保全面建成小康社会。

三是有利于加快民族地区经济社会协调发展。广西是多民族聚居的地区，又处于经济欠发达的沿边、沿海地区，经济发展任务艰巨，社会同步发展压力巨大。五象新区创建国家级新区，有利于加快民族地区经济社会协调发展，有利于民族地区"精准扶贫"工作落到实处，有利于民族地区城镇化发展水平的提高，有利于巩固民族团结和边疆稳定，为与全国同步全面建成小康社会提供强有力的保障。

四是有利于提升新区开发品质。国家级新区在招商引资、行政审批等方面具有强大的竞争力，能够为新区提高开发品质提供有效支撑。如贵州贵安新区通过引进中国电信等大企业数据中心落户"大数据基地"带动基地园区的发展；重庆两江新区坚持产业高端化、特色产业集团化、高新企业规模化，通过引进福特公司等实力较强的汽车大企业带动新区发展；陕西西咸新区注重引进高端教育、医疗等配套服务，推动城市产业功能和社会服务功能实现一体化发展。以上国家级新区实现了发展规模和发展品质的双跨越，许多新区还建设成为品质新城。

四　五象新区建设的战略定位

在充分参照18个国家级新区战略定位的基础上，认真分析了国家级新区定位的方向、原则、依据等，结合五象新区自身现状，将其战略定位确定为"一带一路"有机衔接重要门户的核心节点、中国（北部湾）自由贸易先行先试区、西南中南地区开放发展战略支点核心区、西南地区标杆性国家级新区和民族地区新型城镇化示范区。

一是"一带一路"有机衔接重要门户的核心节点。全面提升中国–东盟"南宁渠道"作用，引领中国–中南半岛经济走廊、泛北部湾经济区、澜沧江–湄公河合作等国际合作重要平台的搭建，形成中国–东盟"钻石十年"发展的重要引擎，把五象新区建设成为"一带一路"有机衔接重要门户的核心节点。

二是中国（北部湾）自由贸易先行先试区。突出改革先行、开放引领，推进金融领域、跨境电子商务、海关监管制度、检验检疫制度、旅游开放合作创新，成为驱动中国–东盟自贸区升级、民族和沿边地区创新发展的重要引擎。

三是西南中南地区开放发展战略支点核心区。加强与西南中南各省份交通互联互通、产业协作发展、城市分工互补,推进市场一体化,打造深入实施西部大开发战略新的增长极,成为西南中南地区连接海上丝绸之路、与东盟开放合作的战略支点核心区。

四是西南地区标杆性国家级新区。立足广西作为贫困地区、少数民族地区、沿边沿海地区和革命老区的发展实际,积极探索五象新区带动特色区域发展的路径,充实和提升五象新区产业基础,推动改革先行先试,继续扩大开放,密切与周边省份合作,积累更多体制机制改革的成功经验,壮大提升国家级新区发展实力,争取在广西"两个建成""三大定位"建设过程中做出更大的贡献,打造成为西南地区领先的标杆性新区。

五是民族地区新型城镇化示范区。广西在全国新型城镇化建设中仍处于较为落后的地位,要通过国家级新区建设,积极探索和创新民族地区城镇化建设模式,推进产城融合、城乡统筹,提升民族地区新型城镇化建设品质,提高城镇市民综合素质,走出一条符合广西发展实际、具有民族地区特色的新型城镇化道路,成为我国民族地区新型城镇化示范区。

五　五象新区建设的战略任务

五象新区在建设发展过程中,战略导向明确,战略定位清晰,在经济新常态下,五象新区更应把握自身优势,实现创新发展,充分激发各类先进生产要素活力,力争成为产城融合、和谐宜居、活力十足的现代新区,力争实现"活力五象""开放五象""生态五象""宜居五象""文化五象""智慧五象"的华丽转身。

(一) 建设"活力五象"

产业是新区建设的活力源泉,建设"活力五象",关键环节是要抓住五象新区的产业发展。五象新区在产业选择上,应瞄准现代、高端、绿色等产业发展方向，破除产业发展体制机制障碍，推动"大众创业、万众创新"，重点以信息产业为引领，推动制造业迈向中高端，加快现代农业发展，培育壮大现代服务业和战略性新兴产业，不断提升五象新区产业发展水平和竞争力、影响力。

1. 强化体制机制创新

强化体制机制创新，在新区建设的重点领域和关键环节大胆探索、先行先试，按照市场主导方向，完善城市管理体制机制。按照"政府引导、企业自主、市场机制、滚动发展"的思路，建立鼓励各类投资主体参与新区基础设施建设的体制机制，将城市基础设施建设项目列入政府购买服务试点。创新企业投融资机制，通过稳步推行政府与社会资本合作（PPP）模式、设立政府建设专项基金等方式，推进市政公用设施投资主体多元化。强化体制机制创新，从抓大项目到激活"草根"创新，五象新区在加快发展、释放活力的同时，要充分注重对新技术、新产业、新业态、新模式的引进和发展，打造五象新区经济新常态下的新亮点。

2. 提升产业发展活力

提升产业发展活力，创新和高端化成为五象新区产业发展的必然路径。要优化五象新区产业布局，加快发展现代农业，提升农业区域布局水平，激发产业发展活力，加快提高农业装备和技术水平，加快农业与第二、第三产业融合发展步伐，推动建设集科普展示、生态种植、休闲观光、农副产品深加工于一体的现代农业示范基地。重点推动五象新区战略性新兴产业发展，抓好南宁经济技术开发区、新兴产业园区等产业片区建设，加快培育特色优势明显的战略性新兴产业集群。积极引进新业态、新模式，大力发展新经济，加快培育五象新区经济增长新动能，释放发展活力，促进总部经济、文旅产业、空港物流等集聚发展。

3. 推进产城融合发展

五象新区要按照现代、生态、便利、特色发展的要求和"组团开发、(地)上(地)下结合、配套发展"的集约化建设思路,科学统筹生产、生活、生态等各类功能区,打造形成产城融合、宜居宜业的现代新区。完善提升新兴产业园区、南宁经济技术开发区等产业园区的城市配套能力,推进产业园区向现代化产业新城转变。

4. 大力推进创新创业

充分依托南宁首府高校云集、科研机构众多的优势,大力推进众创空间、创客平台、双创学院、科技金融相结合区域的创新创业体系建设。探索组建跨区域创客联盟,积极加强与珠三角、长三角等地区的创新创业合作,为创客群体、组织及个人提供完善的资源整合平台。实现创新与创业、线上与线下、孵化与投资之间的相互结合,打造开放、共享、高效的"一站式"众创集聚地。建立健全创新创业投资引导机制,支持设立青年创新创业基金,引导社会资本参与创新创业。加快双创社区建设,加快联合办公空间、青年创业公寓和中高端人才公寓、创新体验式商业中心建设。通过双创社区的打造,引入高端产业,实现"在家门口就业、在家门口创业"。聚集不同体制、不同方向的众创空间和创业服务机构,让创客们拥有丰富的选择和空间,让五象新区成为创业者灵感的孵化地、交流地、展示地,真正实现"活力五象"。

(二)建设"开放五象"

1. 打造开放合作高地

依托北部湾城市的港口和边境口岸,整合信息平台资源,构建以海港、空港、无水港、综合保税区等为支撑的口岸体系。以南宁经济技术开发区、新兴产业园区、中国－东盟国际物流基地等为载体，通过对接投资项目、共建产业园区、加强经贸合作、企业对外投资等方式，鼓励企业积极参与国际产能和装备制造合作。积极创新对外合作机制，加强投资保护、税收、海关、人员往来、金融、信息共享等方面的衔接。

2. 创新开放合作机制

打造中国－东盟信息枢纽，发展更大范围、更宽领域、更深层次的互联网经济，深化形成与东盟国家以网络互联、信息互通、合作互利为基本内容的创新合作机制，促进加快构建更为紧密的中国－东盟利益共同体。加快金融科学发展和改革创新，构建中国－东盟金融业务创新的合作机制、共享机制及安全机制，扩大人民币跨境使用范围，加强资金融通。

3. 促进区域协同发展

按照广西"四维支撑、四沿联动"的开放发展战略要求，重点加强与珠江－西江经济带、北部湾、西南中南城市的交流与合作。利用南宁综合保税区、中国－东盟国际物流基地、吴圩空港经济区等，拓展产业合作渠道，加强信息服务、金融支撑、交通物流、人才资源等跨国合作，建立健全面向东盟和服务西南中南的跨境金融、商贸物流合作体系。扩大友好城市范围，加强面向东盟的友好城市交流，深化经贸、文化等多领域的交流。积极搭建经贸、科技等领域的国内国际综合性开放平台。

（三）建设"生态五象"

要秉承绿色发展理念，积极推动和践行绿色发展，五象新区的产业发展不再以传统工业为产业基础，要积极推动工业文明向生态文明升级发展，把文创产业作为五象新区的产业名片。五象新区的产业发展，应以信息经济、文创产业为代表的新经济引领新旧动能转换，探索形成以科技为先导、以知识资本为支撑的绿色发展新模式和新路径。南宁是"全国首批、省会唯一、七城之一"的国家生态园林城市，五象新区的创建发展，要成为南宁市打造"中国绿城"升级版的重要推动力。

1. 打造宜居绿地系统

重点建设五象湖公园、总部休闲公园、南宁园博园等绿色生态空间，强化邕江南岸整治，加强"江畅、水清、岸绿、景美"沿江风貌建设，推进国家级绿色生态示范区建设，加快海绵城市、智慧城市建设步伐，着力打造绿色生态宜居环境。提升文体设施普及率，重点依托广西文化艺术中心、广西体育中心、广西新媒体中心等标志性文体项目，提升五象新区宜居能力。

2. 加强水域生态建设

实施水系湿地保护与修复工程，促进形成良性水循环，按照"渗、滞、蓄、净、用、排"理念，全面推进海绵型建筑和相关基础设施建设，将五象新区建设成为具有吸水、蓄水、净水和释水功能的海绵体。实施水土保持工程，加强邕江及其支流水系沿岸植被保护，强化环保监护，有效防控河流、湖泊和湿地的污染，打造"中国水城"。对邕江水系内重污染企业的治污设施进行升级改造或迁建，推动实施清洁生产工程。

3. 建设生态低碳新区

推动国家级绿色生态示范区、国家绿色生态示范城区、亚太经合组织低碳示范城镇建设，加快构建源头预防、过程控制、损害赔偿、责任追究的生态文明制度体系。实施城市节能工程，积极推广应用江水源热泵等新能源技术。倡导绿色健康的生活方式和消费模式，推动绿色出行、低碳消费。将五象新区打造成为资源高效利用、经济持续发展、环境优美清洁、生态良性循环的生态新区。

（四）建设"宜居五象"

1. 加快完善基础设施

要优先完善五象新区交通设施，加快高铁枢纽站、轨道交通、BRT 交通、城市候机楼、牛湾港区、吴圩国际机场第二高速、吴圩至大塘高速等大型公共交通设施及周边建设，完善和提升五象新区与南宁主城区、五象新区各片区之间的综合交通网络。完善五象新区对外交通体系，重点健全与钦州、北海、防城港、崇左等市的区域交通网络，加快供排水、环卫、通信、环保、防灾、能源等设施建设，积极完善地下管网，增强排涝能力。大力推进地下综合管廊建设，全面提升地下管线维护管理水平。加强防灾设施建设，提高五象新区防灾和安全设施建设配置标准，提高综合防灾水平。

2. 提高城市管理水平

以"学有优教、病有良医、劳有厚得、老有颐养、住有宜居、出有畅行"为目标，切实加大对教育、文化、医疗、就业、养老、住房、交通等民生公共服务设施的投入力度，构建公共服务设施网络体系，打造方便快捷的都市生活圈。积极推动城乡收入同步上涨，提高居民收入水平。促进大数据、物联网、云计算等现代信息技术与城市管理服务融合，实现五象新区智能化、精细化管理。

（五）建设"文化五象"

1. 打造优质文化景观

充分挖掘和利用广西的历史人文资源，提高五象新区公园文化建设景观品质，加强城市道路两旁文化设施建设。提升美术馆、规划馆、博物馆、体育中心、文化艺术中心、青少年活动中心等对外开放水平，完善广场、公园、步道等公共活动空间，方便居民开展文体活动。积极承办各类文化节庆活动，提高文化影响力。加强非物质文化遗产和历史文化遗存保护，修复、重建具有重大历史人文价值的建筑遗存。

2. 壮大文化创意产业

五象新区应借助移动互联网、微信、自媒体等平台，激活文化创意产业，提升区域文化影响力。坚持"适用、经济、绿色、美观"的建筑方针，依托特色产业基础，充分发挥民族文化优势，打造那马生态农旅小镇。推进新型城镇化综合试点，整合壮族民俗特色资源，传承创新优秀民族民间文化遗产，发展文化旅游、文化创意、文艺创作等产业，促进民族和谐、文明进步。搭建具有本地特色的文化主题公园、影视拍摄基地等文化产业发展平台。

（六）建设"智慧五象"

"智慧五象"建设需要优质的互联网基础设施做保障，除了网络基础设施能级大幅提升之外，还要在数字化、网络化、智能化的基础上，按照统一规划、集约建设、资源共享、规范管理的原则，大力建设新一代信息基础设施，积极推进网络提速降费，使五象新区成为广西带宽最宽、网速最快、网络服务最具竞争力的新区，力争到2030年建成"泛在化、融合化、智敏化"[①] 的"智慧五象"。

---

① "泛在化"是指不仅要解决人与人的交流问题，而且要实现人与物、物与物的交流，即达到"万物互联"的境界。"融合化"是指关联性服务的融合将逐步加快，并率先在市场化较高的领域得到推广。相比"智能化"，"智敏化"更加突出"准确、快捷和柔性"的特征。

1. 完善信息基础设施

抓好重大信息基础设施建设，争取早日全面实现移动 4G 网络全覆盖，建立无线宽带接入点，公交站、公园、火车站、公交车、地铁、博物馆、体育馆等公共场所实现无线 WiFi 全覆盖。积极打造千兆宽带，争取率先建设 5G 网络基础设施，搭建云网融合的智能化网络和业务平台，全面提升五象新区在移动网络、宽带、物联网、云计算和大数据等方面的信息基础设施建设能力，争取实现物联专网全覆盖。推动信息技术融入五象新区各个领域，建设"无线新区"、智慧政务、智慧环保、智慧园林、智慧学校、智慧社区、智慧园区等。

2. 构建智慧城市生态圈

按照"政府引导、企业主导"的构建法则和"智慧五象、万物互联"的发展思路，加强智慧城市顶层规划及解决方案设计，以提升智慧城市综合服务能力为主线，统筹推进智慧交通、智慧安防、智慧能源等新技术与服务，大力引进华为、中兴等具有较强实力的智慧城市建设主体，形成"企业 + 科研机构 + 政府"共同探索构建智慧城市生态圈的发展格局。

3. 打造国际信息高地

依托云计算、物联网、北斗导航、新一代电子信息技术等产业的发展，推进建设面向东盟的网络视听基地、北斗产业园、检验检测中心及认证中心等，积极筹备建设大宗商品交易所、跨境金融合作平台、跨境电子商务平台、远程医学中心等。积极搭建面向东盟的基础设施、技术合作、经贸服务、信息共享、人文交流平台，把五象新区建设成为区域性通信枢纽，提升国际出入口通信能力。加快测绘地理信息基地、北斗导航卫星遥感应用基地等建设，打造面向东盟的区域性国际信息产业新高地，与东盟国家携手共建"信息丝绸之路"。

4. 推动智慧产业快速发展

依托南宁富士康科技园，加快云计算、大数据、物联网、北斗导航、新一代电子信息技术等产业发展，促进信息技术发展，推动信息技术融入工业研发设计、生产制造、经营管理、市场营销全过程。推动智能制造，重点加快劳动密集型、资源密集型企业智能化改造进度，提高生产自动化、智能化程度。推动"互联网＋传统产业"发展，将信息技术融入产业发展中，实现产业升级、产品增值。积极推动两化融合，催生新产业、新模式、新业态，重点培育发展工业电子、工业软件、工业信息服务业，优先发展机械电子、汽车电子、船舶电子、工业设计软件、工业控制软件等。

努力建成"产业发展有活力、格局创新善开放、生态宜居显和谐、品位提升有文化、技术先进有智慧"的高水平、高品质的五象新区。"智慧五象"的最终落脚点要"惠及人民"，智慧城市真正的"智慧"是取之于民、用之于民。五象新区的建设发展离不开人们的活动，要让"智慧五象"建设给市民更多的"获得感"。"智慧五象"在建设过程中要注重跨界合作、协调统一，避免出现数据孤岛等碎片化现象，进而达到由现在的"数字五象""宽带五象"向"创新五象""人文五象""平安五象""幸福五象""海绵五象""宜居五象""现代五象"成功转变。

第五章　五象新区建设发展体制机制研究

国家级新区已经成为经济发展速度最快的区域，引领带动了地方经济乃至全国经济的可持续健康发展。建设五象新区是南宁市重点向南发展的战略，是再造一个新南宁的着力点。把五象新区建设成为国家级新区，有利于落实国家"一带一路"倡议对广西的新要求，对加快广西北部湾经济区和珠江－西江经济带开放开发、构建面向东盟的国际大通道、打造西南中南地区开放发展新的战略支点、形成21世纪海上丝绸之路和丝绸之路经济带有机衔接的重要门户等具有重大的现实意义。把五象新区建设成为国家级新区，需要在体制机制上大胆创新、不断探索，形成一套适合五象新区可持续稳步发展的体制机制。

一　五象新区体制机制建设再思考

如何推进体制机制创新是五象新区建设过程中迫切需要解决的问题。在"创新、协调、绿色、开放、共享"五大发展理念的指导下，开展新区建设，应着力规避已有新区建设中出现的问题，探寻系统的理论指导方法和成功的实践经验。

（一）五象新区管理体制机制建设的内涵

五象新区在建设过程中，离不开体制机制的创新，尤其是政府管理体制机制的创新。所谓政府管理体制机制，是指政府的职能结构、权力结构、组织结构、人事制度和运行机制等多种要素的有机整体，其核心是制度化的行政权力结构，权力的运行机制则是政府管理体制机制的灵魂。五象新区在建设过程中，政府管理体制机制在整个社会生活中扮演着举足轻重的角色。要不断优化构成政府管理体制机制的各种要素的配置、组合，实现政府管理体制机制的创新。要把五象新区打造成为国家级新区，政府管理体制机制必须做出积极调适，以顺应和满足经济社会发展及区域开放合作的要求。

（二）五象新区管理体制机制的形成与设置

国家对新区寄予厚望，赋予新区引领区域经济发展的使命，经济上希望国家级新区成为新的增长极，辐射和带动其他地区；体制上则希望新区大胆创新，吸收借鉴发达国家的先进管理经验，最终形成符合新区发展的制度。因此，国家对新区进行制度创新特别支持，鼓励新区"实行中国经济特区的某些政策和新型管理体制"，使经济发展与体制机制创新相得益彰。

一是由管制型向服务型转变。传统意义上，政府重管制、轻服务，这种倾向深刻地体现在管理思维方式、政府治理模式、政府组织框架、政府治理工具上。而新区不仅肩负着快速发展经济的使命，而且担负着创新体制机制的责任，围绕服务经济发展和凸显体制机制优势的思路构建综合治理框架，在政府职能性质定位上实现根本性调整。这一思路随着实践的发展潜移默化地促使政府在管理思维方式上发生改变，不再局限于服务经济发展，而是全面地向社会提供服务，并由此衍生出服务型的政府治理工具，最大限度地为公民提供全方位服务。

二是"小政府大社会"治理模式。国家级新区在建设过程中采用"小政府大社会"治理模式，从传统的角度看，该种模式是促进国家级新区走向良治的可选路径，然而在实际中，"小政府"却未必会带来"大社会"，反而形成"小政府小社会"的现象。究其原因，在于社会事务的管理问题，关键是能否有效利用社会资源，发挥社会力量的作用，将"大政府"管理的领域交给社会，实现"小政府大社会"的目标。五象新区在建设过程中，政府管理应倾向于缩减管理层级，重视管理的直接性和有效性，政府不直接介入或干预企业的投资、经营活动。积极发展社会中介机构和民间组织，引入市场机制和社会机制，提升公共服务产品的供给质量和供给能力。

三是高效灵活的政府运行机制。国家级新区在实践探索中，要不断对政府运行机制进行创新，以提高政府机制的灵活性。一方面，应采用向下属单位放权、向公务员放权的方法，改变传统僵化的组织体制，调动基层和公务员的积极性。另一方面，应注重人才引进和培养，打造一支高学历、强能力的公务员队伍，实施绩效评估制度与诱因管理制度等，不断提高新区政府机制的适应性和灵活性。五象新区在进行机制建设中，应充分借鉴上述机制创新模式，全面利用网络技术开展政府再造，发展电子政务，推进政务公开和公民参与，提高政府运作的透明度和效能。国家级新区在实践中不断探索完善体制机制，五象新区在建设过程中应充分借鉴上述模式和原则，不断创新体制机制，促进五象新区不断朝良性、优化方向发展。

（三）五象新区管理体制机制的类型

国家级新区是在政府的主导下，基于国家或地区经济发展的战略部署而设计建设的特定区域，因而绝大部分采用政府主导型管理体制机制。政府主导型管理体制机制能够集中各方面的力量加快新区建设，完善基础设施。一般情况下，政府主导型管理体制机制在具体模式上可以分成以下两类。

1. 准政府管委会一元化管理模式

准政府管委会一元化管理模式是政府主导型管理体制机制最常见的表现形式。管委会作为上一级政府的派出机构，代表政府全面负责新区基础设施建设与投资、土地开发和社会管理工作，行使相应的经济职能和社会管理职能。管委会按照"小政府"的要求，结合实际需要，设定相关职能部门，创新体制机制。由于管委会机构精简，针对性强，因而可以高效完成新区建设开发工作。不足之处在于管委会的法律地位不明确，缺乏界定清晰的行政主体资格，影响了其管理权限的发挥。

2. 政企分开的管委会模式

管委会与开发公司平行运行，是政府主导型管理体制机制的又一创新模式。在这种模式下，管委会的行政管理权与新区的经营权实现了分离。管委会作为准政府机构，全面履行决策、管理、服务职能，而开发公司作为独立经营的市场法人，自主按照市场规律开展经营活动。虽然开发公司同样要在重要人事、审批、考核等方面接受管委会的监管，并且要按照管委会制定的发展规划进行经营，但开发公司已经具备了相当大的自主性，不再受管委会过多的干预。这种政企分开模式的优点在于，管委会可以集中精力做好规划、制定决策、开展社会管理、提供服务产品、践行各种监管，开发公司则可以放手按照市场规律开展经营开发活动。二者都可以将自身的优势发挥出来，不会形成相互掣肘。

五象新区在建设过程中可以采用准政府开发模式，适当引入开发公司共同管理，在经济社会管理过程中，参考负面清单模式，列出需要政府管理的清单范围，对于清单范围之外的，可以交由社会力量加以管理，充分调动社会资源，最大限度地实现资源的优化配置。

二 新区管理体制机制案例分析

（一）国家级新区经验借鉴——以上海浦东新区为例

1. 上海浦东新区的发展定位

浦东新区的开发建设选择了一条高起点、高标准的路径。浦东新区开发经过了很长时间的酝酿，是上海走出困境的突破口，国家给予了很大的投入和支持。在执行方面，上海市更加强调新区开发的高起点和高标准，提出"要站在地球仪旁来思考浦东的开发"，这一方面是要将世界顶级城市作为参照系来建设浦东新区；另一方面是希望通过建设开发，使浦东新区能够真正屹立于世界城市之林。在发展的过程中，浦东新区逐步确定了自身的发展目标和功能定位。浦东新区开发之初提出的方针是"开发浦东，振兴上海，服务全国，面向世界"，国家层面希望通过开发浦东新区逐渐使上海成为世界经济、金融、贸易中心之一，并带动长三角和整个长江流域经济的发展。由此可见，浦东新区开发之初，实际上是担负了振兴上海、带动长江流域经济发展的重任。伴随着开发进程的不断推进，浦东新区选择了高新技术产业、高端制造业、临港产业、现代服务业等产业进行重点培育，将新区划分为出口加工区、保税区、高科技园区、金融服务区等。经过20多年的开发建设，浦东新区经济规模不断扩大，软硬件设施日益完善，在国内外产生了越来越重要的影响。目前，浦东新区正在向建设"四个中心"的目标迈进，即建成国际经济中心、国际金融中心、国际贸易中心、国际航运中心。

2. 上海浦东新区政府管理体制机制的演变

浦东新区政府管理体制机制的形成和变迁经历了一个动态的过

程，并且始终与浦东的经济社会发展相适应。浦东新区开发以后，新区的政府管理体制机制就开始全面重建。浦东新区的制度变迁虽然经历了很长的过程，但制度的变迁并非总是保持一种很均衡的状态，而是在这一过程中出现了一些关键的节点，这些节点将制度变迁分为若干阶段，每个阶段又呈现不同的特征。

一是浦东新区政府管理体制机制形成的萌芽阶段（1990～1992年）。浦东开发办公室是这一阶段主要的制度产物。1990年4月18日浦东开发战略的制定，是浦东新区制度生成的最重要节点。开发战略制定后，上海市政府立即成立了浦东开发领导小组。1990年5月3日，上海市在浦东新区正式设立浦东开发办公室，设主任1人、副主任6人，办公室下设秘书处、开发处、信息处和联络处，总人员编制120人。按照开发区建设的一般经验，浦东新区除设置开发办公室外，也设置了开发公司。开发办公室受市政府和浦东开发领导小组的直接领导，其管理体制机制基本架构见图5-1。

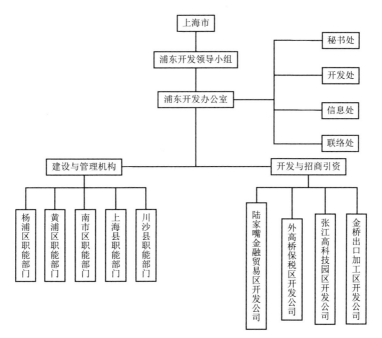

图5-1 萌芽阶段上海浦东新区政府管理体制机制基本架构

二是浦东新区管委会管辖阶段（1993～2000年）。浦东新区管委会的成立，是浦东新区政府管理体制机制变迁史上的又一件大事。1993年1月1日，中共上海市浦东新区工作委员会（以下简称党工委）和上海市浦东新区管委会正式成立，作为上海市委和市政府的派出机构，全面履行浦东新区的建设开发和社会管理职能。浦东新区党工委和管委会实行"两块牌子、一套班子"。同时，上海市针对以前浦东"一地六府"模式的弊端进行了大幅度改革，调整了浦东新区的行政区划，撤销了川沙县和上海县的行政建制，重新调整黄浦区、南市区和杨浦区的行政区划，三区属于浦东规划的区域完全划归浦东新区管辖。浦东新区管委会作为一级准政府机构，实现了对浦东新区的统一管理，避免了各自为政、相互扯皮的现象。此阶段上海浦东新区政府管理体制机制基本架构见图5-2。

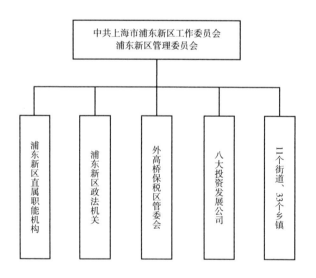

图5-2 管委会管辖阶段上海浦东新区政府管理体制机制基本架构

浦东新区的"小政府"承担了"强政府"的职能。从整体上看，浦东新区管委会在计划管理、项目审批、建设管理、财务税收、外经外事、劳动人事等方面拥有国家计划单列市的各类权限（包括由中央批准扩权的部分）。从职能设置和具体事务看，浦东新区党工委和管委会下设的十几个部、委、办、局基本上能够满足浦东新区经济发展、社会管理的需求。浦东新区管委会还通过"分、放、转、派"的方式将一部分事务交由上海市相关职能部门处理，一部分事务转给社会团体处理，大大减轻了浦东新区管委会的负担，保证了管委会能够集中精力解决亟须处理的问题。

三是浦东新区建设区政府阶段（2001～2005年）。浦东新区撤销管委会建立区政府，实现了新区政府管理体制机制的根本变革。管委会模式是大多数开发区在建设发展过程中必然要采用的管理体制机制模式，但是也存在一些问题，突出表现在管委会的法律地位不明确，在行使权力的时候受到制约。此外，浦东新区虽然是副省级开发区，管委会很好地发挥了行政职能，党工委也存在并运行，但是与传统市级行政单位党委、人大、政协、政府"四家班子"同时运行的政治体制模式毕竟不同，在政府权力来源、政策法规形成、决策执行监督等方面都存在一定的问题，浦东新区同时加强了基层行政单位的建设。上海浦东新区区委、区政府机构设置见表5-1。

表5-1　上海浦东新区区委、区政府机构设置

区委部门设置（8个）	区政府部门设置（14个）	
区委办公室	区政府办公室	环保和市容卫生局
组织部（含编办、人事局）	发展计划局	农村发展局
宣传部	经济贸易局	审计局
统战部（台办、侨办、民宗办）	社会发展局	公安局
政法委	劳动和社会保障局	司法局
纪委	科技局	国家安全局
农工委	建设局	
城工委	财政局	

资料来源：根据相关资料整理。

四是浦东新区启动综合配套改革试点工作阶段（2006～2008年）。浦东新区成为首批国家批准的综合配套改革试点之一，对政府管理体制及其运行方式进行了调适。浦东新区启动综合配套改革工作以来，虽然没有在管理架构上进行大幅调整，但是紧紧围绕转变政府职能、促进城乡一体发展做了很多工作。其一是搭建服务平台，积极打造服务型政府。浦东新区建立了覆盖全区的区级市民中心、功能区事务办理服务中心和街道社区事务受理服务中心，形成了"1（市民中心）＋6（功能区）＋23（街道）"三个层次的公共服务平台，共有 379 个办事项目进入市民中心窗口，各委办局 140 多条专线接入中心平台，改变了传统政府服务的模式。浦东新区还以改革行政审批为切入点，大幅精简审批程序。截至 2009 年，浦东新区共开展了四次行政审批改革。改革后，行政审批事项由改革前的 724 项削减为 200 项左右，削减幅度达 72.4%。其二是统筹城乡发展，推动实现公共服务产品均等化。浦东新区力图打破以往城区、开发区、郊区界限划分造成的失衡，将所有乡镇管理的医院、中小学都收归浦东新区政府管理，以促进城市郊区社会事业的同步发展。同时，探索社会事业"管办分离"的新途径。对于医院、学校等单位，政府施行规划引导、政策设计；而对于一些具体的事务和专业业务，则通过购买专业服务来实现。其三是设立功能分区，促进区镇合一。浦东新区从 2004 年 9 月开始，陆续设立了陆家嘴、张江、外高桥、金桥、川沙、三林六大功能区，同时成立党工委和管委会，作为浦东新区区委、区政府的派出机构。长期以来，开发区与郊区还是城乡分治管理模式，开发区对周边地区的辐射带动作用有限，城乡二元结构明显。浦东新区成为综合配套改革试验区后，对配套环境、社会发展和社会管理的要求提高，之前以开发公司为主导、政企合一的模式难以承担大量的政府管理职能，加之浦东新区开发以来经济总量、城市面积、人口规模都大幅增长，原来以城区、郊区、开发区划分的管理体制难以适应城市精细化管理的要求，管理幅度过宽，管理方式相对粗放，造成城市管理存在不少空白点。功能区设立以后，有利于加强基层力量，强化乡镇和开发区的纽带关系，如川沙功能区党工委、管委会就与川沙镇政府合署办公，三块牌子、一套班子。

五是南汇区并入浦东新区后政府管理体制机制对接阶段（2009年以后）。南汇区的并入，推动浦东新区政府管理体制机制持续变革。2009年4月24日，国务院批复上海市《关于撤销南汇区建制将原南汇区行政区域划入浦东新区的请示》，同意上海市撤销南汇区行政建制，并入浦东新区。这是浦东发展史上的一件大事，因为合并后，浦东新区的面积和人口规模都实现了翻番，面临更大的机遇和挑战。这标志着浦东新区新一轮政府管理体制机制改革的启动。上海市组建了联合工作党委来负责两区合并的对接与过渡工作。实现过渡后，浦东新区政府机构做了一定的调整，政府机构数量由之前的13个增加到19个。根据需要，增设了规划和土地管理局、金融服务局、商务委员会、经济和信息化委员会、民政局，原社会发展局被拆分为卫生局和教育局。组建了人力资源和社会保障局，承担原劳动和社会保障局、人事局的职责。

（二）国家级高新区经验借鉴

1. 无锡新区

无锡新区的前身是1992年成立的无锡高新区，初始规划面积为5.45平方公里。随着产业规模的不断扩大，1995年，无锡市委、市政府成立新区，并将旺庄、硕放两个镇划归无锡新区管理，区域面积扩大到83平方公里。2002年，经过第二次行政区划调整，旺庄等5个镇与长江路街道合并，辖区面积扩大到141平方公里。2005年，第三次行政区划调整实施，锡山区鸿山镇、滨湖区华庄镇交由无锡新区管理，无锡新区行政管理区域扩展到220平方公里。至此，无锡新区下辖无锡出口加工区、无锡（太湖）国际科技园等若干功能园区和2个镇、4个街道，创新能力和综合实力均跻身全国高新区发展前列。

无锡新区的快速发展得益于以下几个方面。一是行政授权较充分，职权较大，有利于推进无锡新区管委会协调各种关系，提高办事效率。二是积极实行"小政府大社会、小机构大服务"精简高效的行政管理体制，营造以亲商富民为特征的政务环境，并在保持精简的前提下，确保具备完善的行政职能，对辖区内的经济、社会、文化等事务进行全面管理。三是政企分离，浦东新区管委会与经济发展集团总公司逐渐分离成为两套独立的工作体系，前者的工作重点转向规划、指导、协调、监督和服务，不再参与具体的市场活动；后者受委托参与开发和经济建设等任务。随着形势的发展变化，无锡新区进入了产城融合发展阶段，需要应对面广量大的各类经济社会发展事务，"小政府大社会"的管理模式难以为继。2015年12月，国务院批复《无锡市部分行政区划调整方案》，其中涉及"设立无锡市新吴区"，新吴区与无锡高新区"有一套班子、两块牌子"，实行"区政合一"的管理模式。这也是很多高新区探索解决管理体制问题的一条可行路径。

2. 青岛高科园

青岛高新技术产业开发区（以下简称青岛高新区）是国务院于1992年11月批准设立的国家级高新区，青岛高科技工业园（以下简称青岛高科园）是其最重要的组成部分，位于崂山区。最初的青岛高科园规划面积为58平方公里，以崂山区中韩镇的行政区划为范围，按照"镇园合一"模式建立。为了进一步强化行政区对高科园在土地等资源方面的支撑作用，1994年4月，青岛市政府决定将青岛高科园管委会与崂山区政府合署办公，形成"区政合一"管理体制。但是之后的发展并没有完全符合初衷和预期，"合二为一"以后，青岛高科园被日益边缘化，导致园区长期以来因创新投入不足而难以实现发展转型和跃升。2000 年 9 月，青岛市政府做出决定，把青岛高新区的管理职能整体移交给了青岛高科园管委会。但青岛高新区整体功能管理权限的下放并没有带来预期的理想效果。2005 年，在批准青岛高新区新一轮发展规划时，科技部强烈要求青岛高新区管委会与崂山区政府（与青岛高科园管委会合署办公）分离。同年 12 月，青岛市委、市政府下发通知，收回青岛高科园管委会的管理职权，并由市政府派出机构降为崂山区政府派出机构。2007 年 11 月，青岛市委、市政府再次调整青岛高新区管理体制，重新成立青岛高新区工委、管委会，作为市委、市政府的派出机构，统筹推进胶州湾北部主园区开发建设，拥有对青岛高科园、市南软件园等 4 个功能园区（街区）的协调指导职能。

但是，这种"一园多区"的架构对高新区管理机构的统筹协调、资源配置能力有非常高的要求。事实上，新的高新区管委会缺乏足够的整合协调手段，各个分园能享受的核心权力、政策待遇和利益分配各不相同，这中间又出现了不少摩擦和矛盾，而且高新区管委会的"协调指导"职能并没有改变青岛高科园与崂山区政府的行政隶属和利益依附关系，也就无法摆脱行政区对高科园的制约和束缚。

（三）小结

1. 上海浦东新区经验

浦东新区政府管理体制机制的形成和变迁一直与新区的发展和上海的强力推动有关。当新区经济社会发展到一定阶段，原有的制度机制不能满足现实需要时，制度内部冲突加剧。在外部条件适宜的情况下，就会促进新区的改革。

从浦东新区的经验可以看出，新区机构变化有两个明显的趋势：

一是回归传统的政府管理体系；二是政府机构数量不断增加。一方面，由于国家级新区的经济总量、人口规模和地理区域不断扩大，需要处理的事务越来越多；另一方面，传统的政府管理体制机制虽然有大量的机构，但在长期的发展过程中也形成了高度专业化和精细化分工，对新区的制度生成有很大的影响和示范效应。但是，新区的政府管理体制机制仍然具有机构人员精减的优势，全面实施了政府再造，提高了工作效率。新区体制机制的实践，激发了政府的活力，提供了更多更好的公共服务，为新经济社会和创新体系的全面发展做出了贡献。所以，浦东新区政府管理体制机制变迁所取得的经验和成就依然值得学习借鉴。

2. 高新区经验

从无锡新区、青岛高科园管理体制机制的变迁历程来看，在高新区创建初期，由于区域范围较小、管理职能较为单一，很多高新区采取了政府派出机构的管委会模式，这种相对独立、封闭的模式有着较高的管理效率，有力地推动了高新区的快速发展。但随着高新区的扩容，这种简约型的管委会模式逐渐出现了不相适应性，尤其是在资源整合、事务协调、社会管理、公共服务等方面无法满足新的要求，与行政区之间的关系也变得复杂。为了理顺两者的关系，破解发展困局，很多地方选择"区政合一"的路径，希望通过这种模式，一方面赋予高新区行政管理权力，强化高新区综合管理和社会发展的功能；另一方面赋予行政区优惠政策和灵活体制，促进本地经济快速发展。但从实际运行情况来看，不少地方"区政合一"中的"一"并没有完全到位，"区政"的相互干扰、无所适从却较为明显。从五象新区的实际来看，在推进五象新区建设成为国家级新区的过程中，"区政合一"是可以采取的经验，但是在"区政合一"过程中要注意对权力的监督和管理，防止权力垄断或者涣散。

三 五象新区管理体制机制存在的问题

五象新区建设 10 多年来，取得了一系列成果，新区经济社会得到了全面发展。但是也应该看到，新的政府管理体制机制有待进一步深化。五象新区政府职能转变尚不到位，政府依然存在"越位""错位""缺位"的现象，政社、政企、政资没有完全分开。这些问题如果得不到根本解决，五象新区的制度创新必将大打折扣。

（一）城市聚集人口能力较弱

五象新区建立之初就确定了"小政府大社会"的战略，但其发展速度明显过慢。因产业发展相对滞后于城市建设，五象新区出现高楼林立而人员相对不足的现象。城市对产业和人才的吸纳能力亟待提升，缺乏有效的引导、鼓励政策。

（二）政府职能定位不明确

五象新区经过 10 多年的建设发展，逐步形成了政府强势主导经济建设的模式，政府在履行职能上偏重于经济发展，介入微观经济事务，政府的行政管理功能进一步强化。五象新区在建立之初，主要精力集中在核心区上，导致现在的"大五象"存在管理机构不一、权责不一，使得一些决策在沟通和实施上出现问题，不能及时解决问题。目前，五象新区建设主要集中在硬件设施上，服务职能仍未明显体现。在新业态不断出现、"互联网＋"经济加快涌现的背景下，五象新区尚未形成具有针对性的管理体制机制，针对企业创新投资难、群众创业难、科技成果转化难等问题，尚未形成行之有效的体制机制，亟待加快政府职能转变，加大投资、创新创业、生产经营、高技术服务等领域的体制机制改革力度。

（三）新区建设融资面临挑战

建设五象新区就是建设一座新城市，全面铺开的城市基础设施建设需要大量的资金做保障，这就要求有充足的融资保障。从目前来看，最为直接有效的融资往往是通过土地融资来实现的，把征收来的土地到银行抵押或质押贷款，为城市建设和发展筹集资金。这种贷款模式的实质是以政府信用为保证，其弊端就是使地方政府的债务负担不断加重，政府财政的压力和风险与日俱增。2014 年 9 月，国务院出台的《关于加强地方政府性债务管理的意见》（国发〔2014〕43 号）明确提出，地方政府不得通过融资平台来增加政府债务，应对地方政府融资机制进行严格规范，对政府举债程序和资金用途进行明确规定，对地方政府债务实行规模控制和预算管理。这样一来，以土地融资为主的融资方式、融资渠道和融资规模都受到较大的影响，新区赖以生存的通过土地财政、土地金融获取资金支持城市建设的局面彻底被打破。这也使金融机构长期看重的融资平台"政府背景"的作用逐渐弱化。因此，作为五象新区开发建设主体的投融资公司就只能以一般性企业的身份去举债并承担偿债责任，这对五象新区融资带来了前所未有的挑战。

（四）统筹协调发展难度较大

五象新区开发建设没有采用统一管理的模式，而是由五象新区开发建设指挥部、良庆区政府、邕宁区政府会同市直相关部门共同推进，没有建立便捷高效的管理体制和运行机制。目前没有对五象新区各功能区进行进一步资源整合、统一规划，再加上各自为政和行政区划限制，阻碍了新区内部行政区与功能区在新区管委会统一协调和规划下对产业实施合理的分工以及对资源进行有效的整合。五象新区核心区与其他功能区的发展差距较大，经济开发区与空港新区在基础设施建设上各自为政，没有统筹考虑，没有加强与五象新区的关联互动，在高铁经济和空港经济背景下，未能实现各功能区与经济板块之间的协同发展。

（五）招商引资较为困难

招商引资对处于起步阶段的新区发展具有至关重要的作用。当前，我国经济发展进入新常态，经济增长速度显著放缓，招商引资进度明显滞后。在这种大背景下，五象新区招商引资的宏观形势、政策环境等必然发生新的变化和调整。一方面，有的行业出现产能过剩情况，致使投资者不愿跟进投资，企业持观望态度者居多，有效投资明显不足；另一方面，大量民间资本缺乏有效的投资途径，致使大多数资金处于闲置状态。由此，增大了五象新区招商引资的难度，这在一定程度上造成了五象新区高楼林立、产业空心化的现象。

四　五象新区管理体制机制创新的探索

上海浦东新区的成功在很大程度上依赖于行政管理体制机制的不断调整和创新，而这种行政一体化的模式也适合当前的五象新区。但毕竟时代不同，两者的体制机制不会具有完全的可比性。作为"制度试验田"，五象新区应根据具体情况，大胆创新，建立适合自身发展的体制机制。

在政府管理体制机制方面，浦东新区经历了分散管理、建立指挥部集中管理、建立新区政府统一管理三个阶段。而五象新区目前采取的是以各行政区分散管理为主、管委会负责协调的模式，相当于浦东新区的第一阶段。五象新区有必要借鉴浦东新区的经验，建立起能够适应新的发展需要的统一管理、统一规划、统筹协调的管理体制机制。经过数十年的改革开放实践，五象新区实行"小政府大社会"的新型运营机制,通过整体规划和对土地的调控,运用市场机制和资本市场运作来筹集建设资金,探索出一条建设城市、经营城市的新路径。五象新区管理体制机制创新也应借鉴开发区的经验,将开发区的开发模式、管理经验、服务体系建设推广到整个新区,走出一条跳出开发区、超越开发区的新路。

五象新区在推进体制创新的同时,应通过机制创新把发展方向、关键重点和主观努力有机统一起来,树立"崇尚创新、注重协调、倡导绿色、厚植开放、推进共享"的理念,将五象新区真正打造成为国家级新区。

(一) 转变政府职能,深入推进"放、管、服"改革

五象新区管理体制机制创新应着力优化行政管理架构,规范权力运行机制,提升管理服务效能,逐渐形成单一窗口、全项受理,专业审查、团队支撑,严格把控、终身负责的审批运行模式。大幅压缩行政审批事项,规范行政权力的增加、变更或取消程序。持续改善法治环境,探索建立国际仲裁和商事调解机制,促进五象新区发展。

(二) 创新配置方式,建立协调发展新机制

推动资源要素高效集聚,实现资源高效利用,建立社会化参与机制,促进社会资源广泛参与到五象新区的建设中。协调各方资源,建立诉求反映机制,构建信息畅通渠道,对人民群众关心的与自身利益紧密相关的突发事件、急难事件及时沟通调解,打通信息建设"最后一公里"。

(三) 探索绿色发展,开拓生态文明建设新途径

深入贯彻绿色发展理念,努力走出一条经济社会发展与生态环境保护相协调的新路子。一是探索建立市场化的环境保护机制;二

是严格污染企业清退和遗留用地再利用；三是注重发展高性价比的绿色产业。

（四）树立发展新理念，因地制宜探索开放新机制

立足自身优势，探索形成区域特色鲜明、与经济水平相适应、惠及周边群众的开放发展模式。充分发挥五象新区区位优势，建立与东盟国家、粤港澳大湾区等地的紧密联系，形成产业联动、开放发展新局面。

（五）加强资源集聚，建立共享发展机制

五象新区发展的关键是人才，要着力在人事管理、收入分配、科学考评等方面发力，探索五象新区发展的共享机制，实现五象新区的资源共享、人才共享。

五　五象新区体制机制建设方案

（一）总体要求

按照自治区"四维支撑、四沿联动"的开放合作布局要求，大力实施全方位、宽领域、多层次的开放发展战略，注重与钦州、防城港等港口城市的协同联动发展，充分利用港口城市的便利条件，主动融入、主动对接"一带一路"重大部署，不断提升"南宁渠道"的五象影响力。加快在创新发展、协调发展、绿色发展、开放发展、共享发展等方面开展管理体制机制创新，探索实施试错容错机制，树立"崇尚创新、注重协调、倡导绿色、厚植开放、推进共享"的发展理念。通过创新完善体制机制，把功能定位、发展方向、重点领域和主观努力有机统一起来，将五象新区打造成为具有较强综合实力的国家级新区，不断提高首府的综合承载力、集聚力、辐

射力和影响力，建设成为国内一流、世界先进、独具特色的现代化新城和"一带一路"重要的节点城市，更好地服务广西、服务全国、服务中国－东盟自由贸易区。

1. 指导思想

深入贯彻党的十八大和十八届三中、四中、五中、六中全会及习近平总书记视察广西重要讲话精神，全面落实自治区党委、政府决策部署，按照"五位一体"总体布局和"四个全面"战略布局，牢固树立和贯彻落实新发展理念，坚持以推进供给侧结构性改革为主线，紧紧围绕中央赋予广西的"三大定位"，坚持解放思想、先行先试，坚持深化改革、创新驱动，以新思路、新视角、新方法探索体制机制建设新路径，进一步激发五象新区发展新动能和新活力，努力将五象新区建设成为现代化新兴城市，打造成为经济发展新高地和城乡统筹示范区，成为重点服务面向东盟的国际大通道、西南中南地区开放发展新的战略支点、"一带一路"有机衔接重要门户建设的核心区。

2. 基本原则

一是科学规划，融合发展。科学谋划五象新区开发建设，创新开发建设体制机制，切实发挥主体功能区规划以及土地利用总体规划、城市总体规划、环境保护规划的基础性、指导性作用，紧凑集约、绿色低碳、科学有序推进新区建设，实现人口、产业、公共服务设施和生态景观的融合发展。

二是协同发展，改革创新。既要从实际出发，按照"区市共建、协同发展"的运行模式，建立利益共享机制，协调部门职能，加强联动合作；又要改革创新、着眼发展，整合优化资源，全力突破发展瓶颈，充分调动各方积极性，激发内生增长动力。

三是扩大开放，合作发展。着眼整体，着眼开放，在体制机制和政策措施等关键环节上取得突破。充分利用五象新区独特的区位优势，实施更加积极主动的对外开放战略，在更高层次、更广领域、更大范围深入参与区域经济合作交流，完善互利共赢、多元平衡、安全高效的开放型经济体制机制。

四是统筹城乡，一体发展。坚持以完善城乡一体化发展为重点，构建城乡功能互补相融、城乡设施均等共享、城乡品质显著提升的新型城乡形态。坚持高起点、高标准、高水平建设，统筹谋划新区开发建设，坚持新理念、新思想、新方法，推动新区高度融合一体化发展。

3. 主要目标

到 2020 年，五象新区开发建设初具规模，总部基地金融街基本建成，五象湖周边、沿江地带建设迈上新台阶，吴圩空港经济区在实施重点区域带动战略中率先突破，经济实力大幅提升，现代产业加速集聚，城市环境生态宜居，开放合作实效明显，管理体制趋于完善，初步建成具有壮乡首府特色和亚热带风情的宜居生态新城，GDP 达到900 亿元，工业总产值达到 2200 亿元，户籍人口预计达到 90 万人。

到 2025 年，五象新区文化体育、商贸物流、先进制造、医疗卫生、生态休闲旅游等重点产业继续做大做强，总部经济、金融投资成为新区建设的重要引擎，全社会 R&D 投入占 GDP 比重达到 4% 以上，城镇化率达到 70% 以上，现代产业体系更加完善，生态环境进一步优化，全方位对内对外开放格局基本形成，成为带动广西和西南中南地区经济社会发展的重要引擎。

到 2030 年，五象新区综合实力大幅提升，GDP 年均增速明显高于南宁市平均水平，为推进西江经济带建设提供有力支撑。创新驱动发展取得实质性进展，布局合理、特色鲜明的现代产业发展格局基本形成，初步建成西江经济带上环境优美、宜居宜业、具有较强国际影响力的现代化新区。GDP 达到 2500 亿元，工业总产值达到5500 亿元，户籍人口预计达到 170 万人。

（二）重点任务

牢固树立"崇尚创新、注重协调、倡导绿色、厚植开放、推进共享"的发展理念，遵循总体规划，立足自身发展，着眼战略需求，紧抓重点领域、重点环节创新，努力构建适应经济新常态、统一管理、统一规划、统筹协调的管理体制机制，持续推进五象新区创新发展。

1. 行政管理机制

一是探索创新行政审批机制。在全市率先改革创新行政审批制度，设立五象新区项目审批办公室，通过"一门受理、整合流程、同步审查、并联审批、限时结办"等方式，全面压缩审批时限，实现"流程最优、环节最简、时间最短、服务最佳"，审批时限较市级部门压缩50%以上。优化再造项目审批流程，合并、精简审批节点和审批事项，全面清理、削减前置条件，实现审批内容、审批格式、审批运作的标准化，确保审批过程高效透明。全面实行并联审批，推行项目评审、评估的联审联评制度。研究出台五象新区行政审批容缺办理暂行规定，推行"分项报建、容缺办理、甩项审批"工作模式。实行重点项目审批"代办制"，专人负责项目审批辅导工作，全程辅导办理各项审批手续。强化中介服务的规范管理，推行中介机构登记管理制、服务承诺制和评分公示制等管理制度，规范中介机构的服务行为，提高中介服务效率。按照"非禁即入""非禁即准"原则，对外资和内资项目均实施负面清单管理模式。实施"一个窗口受理、一个印章审批、一个流程办结、一站式服务"和"清单之外无权力、大厅之外无审批"的行政审批制度改革。

二是探索创新行政管理体制。①提升行政效能。探索行政区与功能区融合发展体制机制，争取赋予五象新区市级和部分自治区级经济社会管理权限。着力整合新区各类行政资源，进一步理顺行政管理体制，适时实施行政区划调整，努力破解制约发展的体制机制障碍，探索形成协同管理、精简高效、权责一致的管理模式，推进政府治理能力现代化。②转变政府职能。进一步简政放权，推行行政审批事项目录清单和政府行政权力清单，明确政府权力边界。规范市场秩序，推行市场准入负面清单，对于清单之外的领域，允许各类市场主体依法平等进入，充分释放市场活力。研究制定五象新区向社会组织购买服务实施细则，推进公共服务供给方式市场化、社会化改革。③创新社会治理方式。坚持系统治理，发挥政府引导作用，鼓励和支持社会各方参与，实现政府治理和社会自我调节、居民自治的良性互动。推进社会组织依法自治、明确权责、发挥作用，营造公正高效的法治环境和公平正义的社会环境。推进基本信用体系建设，努力建设"诚信五象"。④加强新区管委会对新区开发建设的统筹协调，探索非直管区在相应片区或功能区成立管委会。完善扁平化管理体制，成立行政审批局、市场监管局和综合执法局。加快培育各类新型中介组织，加快形成"小政府大社会"的格局。

2. 招商营商机制

一是探索创新招商引资机制。在五象新区品牌塑造上下功夫，加大公关力度，塑造良好的新区形象，创新多元化招商方式，搭建多样化引资平台，采取切实有效的工作措施，确保招商引资项目落地、资金到位、按期开工。①加强政策招商，加快制定出台扶持战略性新兴产业和先进制造业发展的系列优惠政策，为企业提供"保姆式""一站式"服务，营造"亲商、安商、富商"的招商环境。②突出精准招商，围绕主导产业延链补链、新业态新模式培育等进行招商，发挥好商会的作用，实施招商专员制，建立招商数据信息库。③实施联合招商，大力推行多方联动联合招商工作机制，整合共享招商资源，联合城区和投资者共同推进产业项目投资建设。④加强二次招商、以商招商，以总部基地金融街、吴圩空港经济区为重点，加快出台支持二次招商、二次创业、以商招商的相关政策，鼓励骨干企业通过直接合资、股权募资以及产业链配套合作等方式促进自身扩能升级，依托已入驻的大型企业示范带动更多的客商投资。

二是探索创新营商环境改革机制。深入学习国家级新区在营商环境改革方面的先进做法，切实做到"放得更活、管得更好、服务更优"，不断深化营商环境改革。简化企业注册流程，将原来依次办理的"商事登记、刻章备案、银行开户"3个环节整合成1个，提升开办企业便利度。推动注册登记全程电子化改革，实行"网上申请、网上审核、网上发照、网上归档"，提升服务企业办事效率。建立完善"容缺登记"制度，允许"先上车后补票"。借鉴上海自贸区、广州南沙新区的经验做法，实行窗口无否决权制度和首问首办责任制。

三是探索创新公平竞争发展机制。充分发挥民营企业在扩大就业、促进增长、推动创新等方面的重要作用，在项目审批、用地指标申请、融资支持、税收优惠等方面，给予民营企业与国有及外资企业同等的条件，营造公平竞争环境，促进民营企业快速发展。

3. 金融支持机制

一是创新投融资发展机制。更新观念，创新方法，吸引民间资本投资，实现社会融资，利用市场竞争机制引入各类金融机构及其分支机构。加强投融资保障，为优质要素进出和投资提供便利化服务。加大与各类金融机构多层次合作力度，加快重大重点项目投资建设。发挥开发性金融的引擎作用，推进政府与社会资本在各领域的合作，通过多渠道融资方式，探索发行企业债券、项目收益债券、保险信托计划等项目的可行性，构建可持续、多元化的资金保障机制。

二是完善新区建设基金模式。设立五象新区新型城镇化发展投资基金、股权投资母基金和产业投资引导基金。鼓励社会资本通过特许经营等方式，参与城市基础设施等有一定收益的公益性事业投资和运营。符合条件的企业可以通过银行贷款、企业债券、项目收益债券、资产证券化等市场化方式举债并承担偿债责任。加快开发投资公司转型，建立面向市场、多元发展的新型开发运营投资公司。

三是积极引进各类金融机构，有序引导民间资本进入金融服务领域，支持发起设立地方性小型民营金融组织，争取上级支持符合条件的民间资本依法发起设立民营银行。支持金融机构探索开发新的信贷市场，支持基金、信托、金融租赁等新业态发展，积极争取开展跨境贸易人民币结算、离岸金融业务等试点。

4. 开放管理机制

一是探索创新开放合作机制。按照自治区"四维支撑、四沿联动"的开放合作布局要求，实施全方位、宽领域、多层次的开放发展战略，突出平台支撑、产业支撑，不断提升"南宁渠道"影响力。注重与钦州、防城港等港口城市的协同联动发展，充分利用港口城市的便利条件，主动融入，主动对接，促进五象新区在更大范围开放发展。创新与长三角、珠三角、成渝、长株潭、滇中等经济区的合作机制，探索合作共建园区、授权挂牌运营等模式。

二是探索创新先行先试机制。优先安排城乡规划、土地利用、金融保障、科技创新等政策在五象新区先行先试，整合发挥各类试点、试验区的作用，激发五象新区发展活力，为全区发展提供示范，创造可复制、可推广、可借鉴的经验。加快上海自贸区可复制、可推广经验落地，推进放宽投融资、服务贸易领域外资准入试点。

三是创新对外开放体制机制。支持邮政物流产业安全健康发展，支持跨境电子商务、市场采购贸易等新业态发展。立足扩大开放，加强招商引资，谋求集聚效应，以产业链、配套链、服务链为纽带，建立优势互补、利益共享的开放合作协调机制，延伸政策效应，强化新区产业传导、技术扩散、服务辐射、创新示范、开放管理功能，统筹各片区开放协同发展。

5. 创新创业机制

一是探索创新创业扶持机制。实施扶持大学生创业落户三年行动计划，使大学生成为新区创业者、新市民。加快建设五象创客联盟总部基地、大学生创业园、留学生创业园、创客小镇、创客工场等平台。创建国家创新驱动试验区，争取中关村"1+6"系列先行先试政策在五象新区落地。

二是创新完善人才引育机制。加快形成有竞争力的引才、育才、用才、留才政策体系，形成人才引进、培养、开发、评价、流动等完整的服务体系，以政策创新带动体制机制创新，力求在科技创新、产业发展、金融服务、股权激励等人才发展服务方面取得新突破。加快"五象·人才建设"政策落实，配套开展招才引智、育才创智、智力凝聚、服务提升、品牌宣传五大工程，通过优化人才发展的整体环境，激发各类人才的创新创业活力。

三是全面推进众创机制建设。以"互联网+"应用为基础，重点打造双创综合应用平台，提供政策、技术、服务、活动、人才、金融等"一站式"创新创业服务。建立互助众扶平台，鼓励以企业家、金融机构及风投企业负责人、高校教师等为主体的创新创业导师群体开展创新创业培训、指导活动，分享成功经验。搭建创新创业互助交流平台，促成信息、资金、技术等资源要素的开放、交流、共享。

6. 人事管理机制

一是坚持"凭实绩用干部"的激励导向，创新建立五象新区可先行先试、高效运转的人事管理机制。赋予机构管理权，五象新区可在机构编制部门下达的编制总额、领导职数和机构限额内，根据工作需要自主调整设置机构及使用编制。赋予五象新区党工委提名权，可在五象新区人员范围内向市委推荐提名市管干部。探索实行岗位聘用制，打破五象新区党工委、管委会中层及以下人员的身份和级别界限，在明确身份和级别并封存档案后，不受身份和级别限制一律参与竞聘，聘用人员按照规定逐级晋升。

二是建立重实效、重贡献、向优秀人才和关键岗位倾斜的薪酬分配制度。按照绩效激励原则，确定绩效工资标准和分配方式，以岗定薪，岗变薪变。岗位绩效工资与绩效考核结果挂钩，五象新区领导班子成员的岗位绩效工资由南宁市委、市政府确定，中层及以下人员的岗位绩效工资由五象新区党工委、管委会研究确定。细化内部管理和考评奖惩办法，制订年度岗位绩效工资分配方案并组织实施。建立"管委会领导、内设部门领导、主办"三个管理层级的扁平化管理架构。建立人员分类分级管理制度，副处级及以上领导干部采用任命制，正科级及以下干部采用聘任制。

7. 试错容错机制

一是明确试错容错机制的类型。坚持胆子要大、步子要稳，探索建立并完善试错容错机制，形成有利于引领新区改革创新的助推器。对于法律法规修改或者国家政策调整等导致改革工作未达到预期效果或者造成一定负面影响和损失的，不追究有关人员的责任，明确各类"容错"免责情形。

二是明确试错容错机制的主要内容。免责范围要涵盖创新驱动、富民惠民、项目建设、招商引资、处置突发事件、简化审批、化解矛盾等新区改革创新的各个领域。免责的前提必须是改革方案的制订和实施不违反法律法规的有关规定，相关人员已经履行了勤勉尽责义务，未非法牟取私利，未与他人恶意串通损害公共利益或者他人合法权益。要规定免责的例外情形，如超越法定权限或者滥用职权的，抵制、阻挠、延误改革或者拒不执行改革决定的，等等。对于经过认定予以容错免责的，可以在追究党纪政纪责任、干部考核评价、年度绩效考核、党风廉政建设责任制考核等方面免予或从轻、减轻处理处分。

三是做好与纠偏和责任追究机制的衔接。容错，要只容不可避免的错误，只容能够重新完善、能够改正、没有影响改革进程和没有造成恶劣影响的错误。澄清保护要跟进，对干部实行容错纠错并免于追责问责后，应及时通过相关渠道给予公开、权威的组织认定。对于有关单位的改革工作存在明显偏离改革预期目标、方向等情形的，主管机关或者上级主管部门责令其予以纠正，必要时须停止有关改革工作。

8. 协同管理机制

一是建立社会资本引导机制，鼓励社会资本参与五象新区建设发展，推广政府和社会资本合作、政府购买服务等模式，创新公共服务、资源环境、生态建设、基础设施等重点领域的投融资机制。引导和鼓励社会资本参与基础设施、保障性住房等领域以及健康养老服务业的建设和运营。设立五象新区发展基金，充分调动社会资本参与新区建设。成立科技产业发展股权投资基金管理公司，将资金用于五象新区城市更新、产业发展、民生改善、科技驱动等重要领域和重大项目建设。

二是建立社会化参与机制，推行"网络立体化、主体多元化、服务社会化"的社会治理理念，深入推进社区治理改革创新。实施社区管理亲民计划和社区空间微更新计划，鼓励社区居民参与社区管理，不断增强社区归属感和居民主体感。建立新区多级联动机制，加快形成便民服务与社会治理新模式。创新"政社互动"模式，健全一个党委、一个居委会、一个便民利民服务站、一个综治办的社区组织架构，完善社区、社会组织、社会工作专业人才机制。

三是建立群众诉求反映机制。抓好"说事、理事、议事、评事"等环节，建立畅通的群众诉求反映机制。对群众反映的问题认真梳理汇总，建立"群众需求信息库"。通过机制建设实现人人参与、人人尽力、人人享有，让居民拥有更强的获得感、参与感、满足感、幸福感。

（三）保障措施

1. 加强领导，统筹推进

在五象新区规划建设领导小组的领导下，高位推动五象新区建设发展，各片区、各有关单位要把五象新区管理体制机制建设作为支持新区开发建设的重要内容，积极向国家争取支持。切实转变观念，将管委会的部分经济社会职能推向社会、推向市场，收缩经济管理功能和行政管理功能，把更多的精力用于社会管理和提供公共服务。加强五象新区建设的统筹和协调，加快推进管理体制机制创新。

2. 多方联动，狠抓落实

各片区、各有关单位要制订实施方案、配套措施和工作计划，进一步细化任务，落实责任到人。加强五象新区与区直部门和南宁市的密切协作，加强对实施工作进度、质量的督促检查。进一步明确工作责任，强化多方联动，形成整体合力，集中财力，提高效力，加强督查，狠抓落实，及时总结经验，加强示范推广，营造新区开发建设的良好氛围，确保体制机制建设方案顺利实施。

3. 简政放权，贯彻落实

坚持"充分授权，能授尽授"，加大自治区、南宁市两级授权力度，确保五象新区管理机构充分享有自主处理新区范围内建设发展事务的权力，加快管理体制机制建设的贯彻落实。将国家法律法规没有明确禁止下放的自治区级和市级行政审批及管理事项等全部授权五象新区，涉及地方性法规明确的管理权限变更，由自治区、市政府提请同级人大常委调整后交予五象新区，最大限度地简化程序、压缩时限，保证体制机制建设落实到位。

4. 加大投入，落实资金

积极开辟多元化融资渠道，争取开发银行资金，发行企业债券，设立风险投资基金，为开展大规模基础设施建设提供资金保障。进一步提高投资效益，深入推进公共项目投融资体制改革，通过特许权转让、政府回购等方式引入民间资本。广泛吸引社会资本参与公共项目投资，形成"政府引导、社会参与、企业主导、市场运作"的投入体系，落实资金来源，确保体制机制建设的资金保障。

5. 科技创新，联动发展

强化科技创新和产业发展的联动作用，探索将主管科技研发和主管产业结构调整与发展的部门合并，打通产、学、研之间的壁垒，适应"四新经济"发展趋势和特点，深化产业经济、科技创新、规划建设等领域大部门制改革，整合监管执法资源，进一步理顺关系，提升科研成果转化率，助推新区产业升级，实现科技创新与产业升级联动发展。

六 五象新区建设国家级新区支撑保障体系

当前，新一轮科技革命和产业变革对新区管理体制机制建设提出了更高的要求。五象新区要以国家级新区的标准，继续借鉴、消化和吸收其他新区在体制机制方面的先进经验，结合国情、区情、市情和自身实际，针对当前体制中存在的问题，采取一系列有针对性的对策和措施，不断提升五象新区的体制机制建设水平和创新能力。

（一）转变政府职能，建设服务型政府

五象新区要切实转变观念，将政府的主要职能转移到社会管理和提供公共服务上来。新公共管理倡导政府以市场为导向，将政府的一部分经济社会职能推向社会、推向市场，政府只负责"掌舵"，而将"划桨"的功能交给社会和市场，划清了政府与社会、市场的行为边界，从而也保证了政府能够维持一个较小的规模和人员编制，这对五象新区具有很大的借鉴意义。五象新区实现职能转变，就是要收缩经济管理功能和行政管理功能，把更多的精力用于社会管理和提供公共服务。五象新区还要进一步转变管理思维和理念，敢于放权于社会，将以前政府承担的部分职责转移给市场和社会，政府负责制定政策和加强监管。必须认识到政府职能转变是大的方向，从长远看，越早动手越有利。

（二）深化功能区体制改革，理顺职权关系

五象新区要进一步审视功能区体制存在的问题，科学确定功能区职责，着眼长远和大局。功能区的设置是为了满足新区社会事务日益增多和管理精细化的需求，也是为了进一步整合各开发区的资源，发挥集聚效应。五象新区政府各职能部门要与功能区建立相对完善的工作机制和工作流程，加强工作对接和沟通，明确哪些是新区政府职能部门委托给功能区的权限，哪些是职能部门和功能区共同的管理权限，哪些是职能部门的权限，明确工作程序和步骤，全面理顺职权关系。

（三）创新人才新机制，广泛捕捉"创新流量"

随着五象新区加快开发开放，无论是新产业的崛起还是传统产

业的升级，都对国家级新区建设提出了新的要求——需要高水平的领军人才和高素质的技能人才。为了尽快弥补人才短板，五象新区应注重加大引进高层次人才力度，搭建新区创新创业平台；围绕新区高层次产业项目，积极引进国外专家和智力；加大培养培训力度，着力打造新区高素质专业技术人才和高技能人才队伍；加快人才信息化建设，建立五象新区国际人才市场；提供优质服务，充分调动各类人才创新创业积极性，营造新区吸引人才、留住人才和发挥人才作用的富有竞争力的机制环境。要主动适应协同创新发展的大趋势，结合产业发展基础和发展需求，积极与发达地区和发达经济体，尤其是国内一流高校、院所的专业力量，共同搭建一批协同创新平台，加快引进一批创新人才。设立"五象专项资金"，面向全国乃至全球吸引创新人才、创新项目、创新技术，使五象新区拥有"一流的领军人才、一流的研发机构、一流的创新企业、一流的创新生态"。

（四）创新投融资方式，释放资金新活力

五象新区开发建设应努力实现投融资方式创新，积极开展投融资体制改革。大力开辟多元化融资渠道，通过办理银行或银团贷款、争取国家开发银行资金、发行企业债券、设立风险投资基金等途径筹措资金，为开展大规模基础设施建设提供资金保障。同时，为进一步提高投资效益，应深入推进公共项目投融资体制改革，通过特许权转让、政府回购等方式，引入民间资本，在这方面国内相关开发区已成立公共事业局，开始进行有益探索。广泛吸引社会资本参与公共项目投资，形成"政府引导、社会参与、企业为主、市场运作"的投入机制，无论是经济开发区开发还是空港新城建设，都应通过组建开发投资公司进行市场运作，避免政府直接参与。

（五）深化大部门制改革，探索科技创新和产业发展联动

探索科技创新和产业发展联动，五象新区除了聚集科技创新资

源、营造良好的创新创业环境之外，还要下足功夫，打通科研成果产业化渠道。探索将主管科技研发和主管产业结构调整与发展的部门合并，打通产、学、研之间的壁垒，适应"四新经济"发展趋势和特点，深化产业经济、科技创新、规划建设等领域大部门制改革，整合监管执法资源，进一步理顺关系、提升效能，让更多科研成果走向工业化、产业化，助推五象新区实现产业升级。

第六章　五象新区先行先试政策措施研究

国家级新区承载着服务国家战略、协调区域发展和政策先行先试的重要功能，其发展历程在某种程度上可以说是中国改革开放进程的缩影。对已有国家级新区总体方案、政策文件等进行解读、比较、分析和归纳，有利于全面理解国家级新区的战略定位与政策体系，审视其历程，预见其发展。国家级新区设立时间分布的层次性体现了改革从"摸着石头过河"走向全面深化，区域分布的战略性体现了国家区域发展从非均衡发展走向协调发展。国家级新区政策支持体系在很大程度上体现了与新区战略定位、区域分布、发展状况的匹配，但是仍然存在政策支持与新区实际状况脱节的现象。本章拟通过分析国家级新区设立的时间与地域分布，找出国家对新区先行先试的特征与规律，研究国家级新区总体方案中先行先试政策及地方制定的支持新区发展的先行先试政策，分析国家级新区先行先试政策的体系及特点，结合五象新区实际，为五象新区的建设发展提供经验借鉴。

一　国家级新区设立时间与地域分布

（一）层次性的时间分布：从"摸着石头过河"到全面深化改革

自 1992 年上海浦东新区首先获批设立，到 2006 年天津滨海新区、2010 年重庆两江新区设立，再到 2011~2016 年 15 个国家级新区的接连出现，可以看出以 2006 年和 2011 年为转折点，新区批复节奏明显划分为三个阶段。

最初，作为唯一的国家级新区，上海浦东新区是沿海开放格局形成的重要起点，承担着带动国家改革开放的使命，是国家意志的试验田。其历史地位可与改革开放之初的"经济特区""经济开放区"战略比肩。国家级新区发展方式延续了划定特殊区域、试验特殊政策、创新特殊模式以获得优先发展的策略，体现了国家非均衡发展的指导思想。新区被赋予"先行先试"的优先权和政策优惠，成为政策高地，进而形成经济高地，呈现单点突破的发展态势。

上海浦东新区获批 14 年后，天津滨海新区才迈入国家级新区行列，这与中国改革开放"摸着石头过河"的思路不无关联。在这种思路指导下，改革开放初期我国采取了"区域开放、梯次递进、逐步扩大"的发展战略。天津、重庆作为经济基础较好的地区，行政体制上又同属直辖市，便于进行经验复制和推广。因此，天津滨海新区和重庆两江新区成为第二批获批的国家级新区。这一时期，国家改革开放不断深化发展，中国加入世界贸易组织，改革稳步推进，改革红利得到释放，新区价值逐步外溢。

2011 年后，国家级新区呈现不断扩容的态势。在这一阶段，新区所在的主体城市由直辖市延伸到省会城市、地级市。仅 2015 年，国务院就接连批复湖南湘江新区、南京江北新区、福州新区、云南滇中新区、哈尔滨新区 5 个国家级新区。从政策演变与国家级新区设立的关系来看，新区的设立与国家大政策、大事件息息相关。新区的集中获批，是国家进入全面深化改革新常态的信号。这一时期，新区由稀缺性、特殊性向普惠性转变，新区价值逐渐外溢和共享。新区承担的战略功能也从上海浦东新区伊始的国家级开放战略演化为国家区域发展战略的缩影。

（二）战略性的地域分布：从区域非均衡发展走向区域协调发展

国家级新区的地域分布在某种程度上体现了国家区域发展战略的演变。目前，已获批的 18 个国家级新区在我国华东、华北、华中、华南、西南、西北、东北七大区域均有布局，其中华东地区有 6 个，西南地区有 4 个，东北地区有 3 个，华北地区有 1 个，西北地区有 2 个，华中、华南地区各有 1 个。

华东、西南地区的新区分布折射出国家战略和政策的统筹协调策略，给予较发达区域和较不发达区域以差异化、针对性的政策支持。华东地区有上海浦东新区、浙江舟山群岛新区、南京江北新区、福州新区和江西赣江新区。其中，上海浦东新区由于其特殊的地域及历史地位成为首个国家级新区，定位为国际金融、航运中心；浙江舟山群岛新区被列入国家"十二五"规划，发展目标瞄准新加坡、香港等一流港口城市，成为第一个以海洋经济为主题的国家级新区；南京江北新区和福州新区则分别乘着长江经济带和"一带一路"倡议的东风，踏入国家级新区行列；江西赣江新区是发展基础较好、发展潜力较大的区域，具备加快新型工业化和新型城镇化融合发展的优越条件。西南地区有重庆两江新区、贵州贵安新区、四川天府新区和云南滇中新区。其中，重庆两江新区是第一个内陆新区，服务西南，统筹国家综合配套改革；贵州贵安新区和四川天府新区建设同属西部大开发战略举措，前者承担着探索欠发达地区追赶发达地区思路的任务，后者则积极探索新型城镇化、创新区域发展之路；云南滇中新区着力执行"一带一路"建设以及长江经济带和区域发展的总体战略。

国家级新区建设以服务国家战略规划为指导方针。我国区域发展战略包括西部大开发、东北振兴、中部崛起和东部率先发展"四大板块"以及"一带一路"、长江经济带、京津冀协同"三大支撑带"。从长远来看，新区建设将趋于均衡，但就目前的新区分布来看，西部大开发和东部率先发展是"四大板块"中较受重视的方面，东北地区三大新区的接连获批体现了东北振兴成为新的战略聚焦点，"一带一路"和长江经济带是"三大支撑带"的侧重点。

过去 20 多年来，国家级新区的政策已经从区域非均衡发展向区域协调发展转变。近年来，新区的密集获批使新区建设政策呈现区域普惠性趋势，新区建设与国家区域均衡发展战略也逐渐匹配。

二　国家级新区总体方案先行先试政策

国家级新区发展的最大优势在于拥有各种政策先行先试机遇，适度放权和政策优惠是新区获得优先发展的前提。新区发展需要有落到实处的金融、财税、土地、海关、产业等方面的政策支持。上海浦东新区、天津滨海新区作为较早设立的两个新区，拥有巨大的政策先行先试优势，随着我国市场经济的不断完善，国家直接支持的政策效应渐趋弱化，已远不及 20 世纪 80 ~ 90 年代。作为第三个国家级新区，重庆两江新区虽然设立时间靠后，但其政策支持比照上海浦东新区和天津滨海新区执行，同时又叠加了直辖市以及西部大开发等优惠政策，实际上是内陆地区政策支持力度最大的新区。以重庆两江新区设立为分界点，政策支持呈现两阶段特征，由于第一阶段 3 个直辖市新区在设立时间、设立区域、政策支持方面都具有特殊性，本部分重点对 2011 年及之后 15 个新区的政策支持进行比较分析。新区政策涵盖范围广泛，各新区拥有创新性政策，如广州南沙新区的对外开放政策、浙江舟山群岛新区的海洋管理政策、兰州新区的产业承接政策等。对新区共有的具有代表性的金融政策、财税政策、土地政策进行分析，以便更加清晰、直观地分析政策支持的共性与差异。

（一）金融政策

新区建设需要金融政策支持。通过对国家级新区的政策文本进行分析，发现金融政策涉及金融机构支持、金融创新试点、完善投融资体系、金融对外开放、发展农村金融五个方面。

金融机构支持是所有新区金融政策的"标配"，包括引导金融机构参与新区建设、支持民营资本设立金融机构等方面的政策措施。

金融创新被视为赋予新区较大的金融政策权限。陕西西咸新区、大连金普新区、湖南湘江新区、云南滇中新区、长春新区总体方案中没有有关金融创新的表述，但云南滇中新区规划中涉及沿边金融改革。在涉及开展金融创新试点的新区中，兰州新区、贵州贵安新区经济发展相对滞后，哈尔滨新区和长春新区经济发展持续低迷。总体而言，金融创新试点优先赋予经济条件比较成熟的新区和最需要发展激励的新区。

完善投融资体系是国家发改委《关于促进国家级新区健康发展的指导意见》中的统一要求，也是新区建设发展中金融政策体系的"标配"内容，但不同新区完善投融资体系的工作侧重点各有不同。

金融对外开放方面，兰州新区、陕西西咸新区和大连金普新区总体方案中没有涉及金融对外开放，原因可能在于区位条件与产业布局两个方面。从区位条件看，兰州新区、陕西西咸新区位于西部内陆，区位较为偏僻；大连金普新区虽位于东北亚沿海地区，但在外资引进方面与其他沿海地区相比处于劣势。从产业布局看，3个新区以工业制造业为立足点，同时注重新兴产业发展，内向型经济占据主导地位，开展金融对外开放的必需性和紧迫性相对较弱。

发展农村金融方面，浙江舟山群岛新区、贵州贵安新区提出将农村信用社改制为农村商业银行、设立村镇银行有其特定意义。2011年民营经济占舟山市GDP的比重达到65%，推动渔（农）民转产转业，是新区建设发展的重中之重。贵州贵安新区属于欠发达地区，下辖 20 个乡镇，农村商业银行、村镇银行主要为农业与农村发展提供金融服务。

综上所述，金融机构支持和完善投融资体系是新区金融政策的"标配"内容，不同新区根据自身发展实际和建设需求的不同，规划设计了金融创新试点、金融对外开放、发展农村金融等适配政策，新区金融政策在一定程度上体现了因地制宜的政策制定特色。国家级新区的金融政策见表 6-1。

表 6-1　国家级新区的金融政策

政策类型	政策规划	适用新区
金融机构支持	引导金融机构支持新区建设，在新区开设分支机构；鼓励新设金融机构；支持设立民营银行；支持民间资本设立中小金融机构	浙江舟山群岛新区、兰州新区、广州南沙新区、陕西西咸新区、贵州贵安新区、青岛西海岸新区、大连金普新区、四川天府新区、湖南湘江新区、南京江北新区、福州新区、云南滇中新区、哈尔滨新区、长春新区
金融创新试点	鼓励金融机构创新；开展金融改革创新试点；探索金融创新发展协调机制	浙江舟山群岛新区、兰州新区、广州南沙新区、贵州贵安新区、青岛西海岸新区、四川天府新区、南京江北新区、福州新区、哈尔滨新区
完善投融资体系	支持相关产业开展非银行金融业务；创新投资体制，鼓励通过市场化方式建立健全各类投资主体；鼓励发展各类投资基金，拓宽融资渠道；支持企业发行债券，探索股权交易平台建设；支持金融租赁、信托业务；探索政府出资设立担保机构，开展联保贷款；推进互联网金融等金融业态发展；开展保险业创新发展试验；开展商业保险业务试点	浙江舟山群岛新区、兰州新区、广州南沙新区、陕西西咸新区、贵州贵安新区、青岛西海岸新区、大连金普新区、四川天府新区、湖南湘江新区、南京江北新区、福州新区、云南滇中新区、哈尔滨新区、长春新区

政策类型	政策规划	适用新区
金融对外开放	放宽外资金融机构准入;支持境外机构入驻;允许支持设立合资银行、证券、基金、期货公司;支持申请国际金融贷款	浙江舟山群岛新区、广州南沙新区、贵州贵安新区、青岛西海岸新区、四川天府新区、湖南湘江新区、南京江北新区、福州新区、云南滇中新区、哈尔滨新区、长春新区
发展农村金融	推进农村信用社改制为农村商业银行,支持依法设立村镇银行	浙江舟山群岛新区、贵州贵安新区

(二) 财税政策

总体方案中未涉及财税政策的新区主要有兰州新区、大连金普新区、湖南湘江新区、福州新区和云南滇中新区等。

浙江舟山群岛新区在国家加快推进海洋战略背景下，得到了全方位的国家财税支持。兰州新区总体方案中未提及财税政策，这与其工业重镇的战略定位和承担产业转移的功能使命具有紧密的关系。贵州贵安新区将 2013 ~ 2020 年新区新增地方收入全额用于新区发展专项基金，是一种类似买断性质的政策尝试，这一政策将极大地激发地方政府的主动性。青岛西海岸新区财税政策服务于国家海洋经济战略，是新区财税政策的一个转折点，开启了允许财税政策改革并执行国家统一财税政策的时期。大连金普新区服务于东北老工业基地振兴发展，但并未享受国家财税政策倾斜支持。

四川天府新区服务于西部大开发战略，获得了国家财税政策倾斜。四川天府新区经济基础良好，财税政策本应与大连金普新区和青岛西海岸新区相似，国家给予政策倾斜主要基于以财税政策扶持促进四川天府新区发展，打造西部地区重要增长极，带动西南地区辐射西部地区全局发展的战略考虑。湖南湘江新区、南京江北新区、福州新区、云南滇中新区都没有国家财税政策倾斜支持，南京江北新区总体方案中有省、市财税支持的表述。这4个新区承载着长江经济带、"一带一路"、两岸交流合作等国家建设任务，但均未得到国家财税政策的专项支持。

得益于"一带一路"建设和振兴东北老工业基地战略，2015年底获批的哈尔滨新区得到了国家支持相关项目的政策。新区的成立与东北地区经济不景气、经济增长水平亟待提升的现实相关。2016年2月，作为东北崛起新支点的长春新区设立，新区总体方案中特别说明，在国家对吉林省相关转移支付、土地出让省级分成等方面，要按照相关资金管理办法，优先支持新区建设。

浙江舟山群岛新区、广州南沙新区、陕西西咸新区、青岛西海岸新区、四川天府新区、哈尔滨新区同属国家财税政策支持的新区。四川天府新区的特殊待遇，可以视为成渝综合配套改革试验区的政策延伸；哈尔滨新区的设立，标志着新一轮东北振兴战略的开始。没有国家财税政策支持的新区，其核心功能定位往往并不突出和明确。

通过对财税政策的系统归纳可以发现，财税政策由早期的各种直接补贴逐步转化为税收政策激励。财税政策支持力度的弱化以及由国家支持到地方自主支持的转变，意味着新区财税政策由"国家主导、地方跟进"向"国家设定、地方推动"转化。

综上所述，新区财税政策的演变历程体现了国家级新区建设从"国家主导"走向"国家引导"，从政府直接干预走向引导激励。新区财税政策支持力度总体呈现随时间递减的趋势，可以预见，以后新设立的国家级新区很难再享受财税政策倾斜或支持。国家级新区的财税政策见表6-2。

表 6 – 2　国家级新区的财税政策

政策类型	政策规划	适用新区
国家支持公共服务和相关产业	国家支持公共服务、公益事业、海洋产业、港航物流、远洋渔业;有关部门研究制定符合功能定位和产业发展的财税优惠政策;国家支持基本公共服务、相关项目和社会事业及生态环保	浙江舟山群岛新区、广州南沙新区、陕西西咸新区
地方财政基金	2013～2020年,新区内新增地方财政收入全额用于设立新区发展专项资金	贵州贵安新区
国家统一财税政策	加快财税体制改革,执行国家统一财税政策	青岛西海岸新区
国家支持公共服务	国家支持基础设施、城乡社会事业和生态环保建设	四川天府新区
地方支持	对于社会事业和重大基础设施与产业,省、市给予优先扶持,高新技术企业按规定享受有关税收优惠;按照相关管理办法,省内资金优先支持新区建设	南京江北新区、长春新区
国家支持相关项目	国家对新区符合条件的项目予以重点支持,鼓励地方加大投入	哈尔滨新区

（三）土地政策

国家在赋予新区土地政策支持的同时，也在不断强调保护耕地和节约集约用地。国家级新区土地政策涉及创新土地管理制度、设置用地权限、土地市场规范化三个方面。

在创新土地管理制度方面，实施土地利用总体规划评估修改和动态管理是重点内容，开展土地开发整理利用试点是发展方向，土地集约利用和生态发展是主要原则，实行差别化供地政策是创新思路。陕西西咸新区总体方案中只提及优先考虑土地政策试点，未过多提及土地政策，这可能是源于陕西西咸新区自身特点，陕西西咸新区的历史文化保护必须放在重要位置，要处理好保护和发展的关系；大连金普新区总体方案中仅简单提及土地管理制度的内容。

用地权限可分为三个等级。第一级是用地权限国家层面倾斜，涉及浙江舟山群岛新区、广州南沙新区、贵州贵安新区和四川天府新区，国家在编制年度土地计划时给予倾斜。浙江舟山群岛新区尤其具有特殊性，重大产业项目可以实行耕地国家占补平衡，其他新区则仅实行耕地省内占补平衡，这标志着浙江舟山群岛新区在国家战略中的优先地位。第二级是用地权限省内倾斜，涉及贵州贵安新区、湖南湘江新区、南京江北新区、云南滇中新区、哈尔滨新区和长春新区。贵州贵安新区用地计划同时得到国家层面和省内倾斜，用地权限仅次于浙江舟山群岛新区。第三级是用地权限与主体城市协调，涉及兰州新区、广州南沙新区、福州新区和青岛西海岸新区。对于建设用地纳入对应城市土地利用总体规划的，规定捆绑新区及其主体城市，体现新区对城市的依附性和服务性。兰州新区设立的重要意义在于老城区企业"出城入园"，实现产业转移；广州南沙新区、福州新区都是作为粤港澳服务型窗口而设立的；推动青岛成为蓝色经济领军城市是青岛西海岸新区的发展目标。

政策涉及土地市场规范化的新区，除了四川天府新区外，其他均为沿海经济发达地区，经济发达、思想开放是政策试点探索的主要原因。四川天府新区土地市场规范化的步伐要慢于经济发达地区新区，在土地市场规范化方面主要是探索有效的土地流转方式和补偿机制，承载了成渝综合配套改革试验区的创新功能。

综上所述，创新土地管理制度是新区土地政策的主要内容，不同新区规划实施了差异化用地权限和土地市场规范化政策。国家级新区的土地政策见表6－3。

表 6 – 3　国家级新区的土地政策

政策类型	政策规划	适用新区
创新土地管理制度	土地利用总体规划评估修改试点;土地开发整理利用试点;建设用地审批改革试点;深入推进国土资源管理制度配套改革;实行差别化供地政策;土地管理综合改革试点;探索土地集约利用和生态型城镇化发展模式	浙江舟山群岛新区、兰州新区、广州南沙新区、贵州贵安新区、青岛西海岸新区、大连金普新区、四川天府新区、湖南湘江新区、南京江北新区、福州新区、云南滇中新区、哈尔滨新区、长春新区
设置用地权限	对于建设用地,国家在编制年度土地计划时适当倾斜;对于耕地,实行省内占补平衡或开展国家占补平衡试点	浙江舟山群岛新区、广州南沙新区、贵州贵安新区、四川天府新区
	省建设用地指标优先保障新区合理用地需求,对新区建设用地计划实行单列,实现耕地省内占补平衡	贵州贵安新区、湖南湘江新区、南京江北新区、云南滇中新区、哈尔滨新区、长春新区
	建设用地纳入对应城市土地利用总体规划,实现耕地省内占补平衡	兰州新区、广州南沙新区、青岛西海岸新区、福州新区
土地市场规范化	引入市场机制,鼓励民间投资参与土地整理复垦开发;建设统一规范的城乡建设用地市场,实现公开交易;探索有效的土地流转方式和补偿机制;加快建立和实施不动产统一登记制度,探索各类自然生态空间统一确权登记办法	浙江舟山群岛新区、青岛西海岸新区、四川天府新区、南京江北新区、福州新区

三　国家级新区先行先试政策措施借鉴

本部分结合国家级新区总体方案,对相关先行先试方案进行系统梳理，以便更加深入地掌握国家级新区先行先试政策探索的规律，为五象新区建设提供经验支撑。

（一）兰州新区先行先试政策

2012 年 8 月，国家发改委印发《兰州新区建设指导意见》，确定在五个方面给予兰州新区政策扶持。

1. 支持体制机制创新

允许和支持兰州新区在行政管理体制、涉外经济体制、社会管理体制、技术创新和服务体系、促进民营经济发展等方面先行先试，为推动兰州新区建设提供体制动力和保障。

2. 实施差别化土地政策

兰州新区规划建设用地指标纳入兰州市新一轮土地利用总体规划。新区范围内的耕地占补平衡在全省范围内统筹解决。在严格保护耕地和节约集约用地的前提下，鼓励新区开发利用未利用土地，允许在土地开发整理和利用等方面先行先试。

3. 加大基础设施建设与生态环境保护支持力度

对兰州新区调蓄水库、供水、城市道路等基础设施建设给予优先安排和重点支持。对兰州新区基础设施建设项目适当降低资本金比例要求。探索建立黄河流域生态补偿机制，加强黄河上游生态保护和修复。将兰州新区北部防护林网和南部林业带纳入国家三北防护林建设体系，支持兰州新区建设国家级湿地保护区。

4. 优先布局重大项目

国家在重大项目布局上给予兰州新区重点支持，对兰州老城区搬迁改造进入新区的企业按照有关规定予以政策扶持，对承接产业转移项目和社会资本在兰州新区建设的重大项目优先核准，支持兰州新区产业发展。甘肃省人民政府可根据实际工作需要，将相关经济管理权限下放给兰州新区。

5. 加大金融支持力度

鼓励和支持符合条件的金融机构在兰州新区设立分支机构，引导银行业金融机构在防范信贷风险的前提下，进一步加大对新区的信贷支持力度。鼓励金融机构创新金融产品与服务方式。在符合相关监管要求和有效防范风险的前提下，鼓励兰州新区以市场化运作方式建立健全各类投融资主体。

（二）上海浦东新区先行先试政策

1. 企业所得税优惠政策

"五免五减半"。从事机场、港口、公路、电站等能源、交通建设项目的外商投资企业，减按15%的税率征收企业所得税。其中，经营期在15年以上的，经企业申请、税务机关批准，从开始获利年度起，第一年至第五年免征企业所得税，第六年至第十年减半征收企业所得税。

"二免三减半"。在浦东新区内开办的中外合资经营、中外合作经营、外商投资经营的生产性企业，从事生产、经营所得和其他所得，减按15%的税率征收企业所得税。其中，经营期在10年以上的，经企业申请、税务机关批准，从开始获利年度起，第一年和第二年免征企业所得税，第三年至第五年减半征收企业所得税。

"一免二减半"。外资银行、外资银行分行、中外合资银行及财务公司等金融机构外国投资者的资本金或分行由总行拨入的营运资金超过1000万美元且经营期限在10年以上的，经金融机构申请、税务机关批准，其经营业务所得减按15%的税率缴纳企业所得税，从开始获利年度起，第一年免征企业所得税，第二年和第三年减半征收企业所得税。

两类企业减税。产品出口企业按照国家规定减免企业所得税期满后，凡企业出口产品的产值达到当年企业产品产值 70% 以上的，减按 10% 的税率征收企业所得税。凡先进技术企业按照国家规定减免企业所得税期满后，可以延长 3 年减按 10% 的税率征收企业所得税。

外商在中国境内没有设立机构但有来源于浦东新区的股息、利息、租金、特许权使用费和其他所得的，除依法免征所得税以外，均减按 10% 的税率征收所得税。其中，以优惠条件提供资金、设备，或者转让先进技术、需要给予更多的减征或免征优惠的，由上海市人民政府决定。中外合资经营企业的外国投资者将从企业分得的利润汇出境外，免征汇出额的所得税。外国投资者将其从企业分得的利润再投资于本企业或其他外商投资企业，或创办新的外商投资企业，经营期不少于 5 年的，经企业申请、税务机关核准，退还其再投资部分已缴纳企业所得税税款的 40%；再投资创办、扩建产品出口企业或者先进技术企业，经营期不少于 5 年的，退还其再投资部分已缴纳的全部企业所得税税款。

2. 地方所得税和房产税政策

在 2000 年底之前，免征新区内外商投资企业的地方所得税。外商投资企业在新区内自建或购置的自用房屋，自建成或购置的月份起，免征房产税 5 年。

3. 进出口关税政策

凡 1996 年 3 月 31 日前设立的外商投资生产企业，对项目自用的生产设备，继续享受免征进口关税和进口环节税的优惠。对 1996 年 4 月 1 日至 1997 年 12 月 31 日按国家规定程序批准设立的外商投资项目，以及 1995 年 1 月 1 日至 1997 年 12 月 31 日利用外国政府贷款和国际金融组织贷款项目的进口设备，自 1998 年 1 月 1 日起，除《外商投资项目不予免税的进口商品目录》明确不予免税的进口商品外，免征进口关税和进口环节增值税。

4. 特别审批政策

允许在浦东新区选择有代表性的国家和地区的外国投资者，与之试办 3~4 家中外合资的外贸企业，由上海市提出具体方案，经外经贸部核定经营范围和贸易金额，报国务院审批。外高桥保税区内可以开展除零售业务以外的保税性质的商业经营活动，并逐步扩大服务贸易。允许首先在浦东试点，同意外资银行经营人民币业务，进入浦东的外资银行将获得优先权。具备条件以后，经中国人民银行审批，在陆家嘴注册的外资金融机构可以在浦西和外高桥保税区内设立分支机构，可以在浦东新区再设立若干家外资和中外合资保险机构。

（三）天津滨海新区先行先试政策

国务院确定天津滨海新区作为全国综合配套改革试验区，将滨海新区作为环渤海经济发展的中心区域，并给予以下政策支持。

1. 鼓励金融改革和创新

在金融企业、金融业务、金融市场和金融开放等方面的重大改革，原则上可安排在天津滨海新区先行先试。

2. 支持土地管理改革

支持天津滨海新区进行土地管理改革，增强政府对土地供应的调控能力。

3. 鼓励扩大开放

推动天津滨海新区进一步扩大开放，设立天津东疆保税港区。

4. 给予一定的财政税收政策扶持

对天津滨海新区所辖规定范围内的符合条件的高新技术企业，减按 15% 的税率征收企业所得税；比照东北等老工业基地的所得税优惠政策，对天津滨海新区的内资企业给予提高计税工资标准的优惠，对企业固定资产和无形资产给予加速折旧的优惠；中央财政在维持现行财政体制的基础上，在一定时期内对天津滨海新区的开发建设给予专项补助。

（四）重庆两江新区先行先试政策

1. 税收政策

新区内所有国家鼓励类产业的各类中资企业和外商投资企业，到 2020 年前减按 15% 的税率征收企业所得税。

2. 财政政策

以 2010 年为基期年，"十二五" 期间新区内新增地方财政及建设项目有关的行政事业性收费收入全额用于设立两江新区发展专项资金，以投资入股、定额补助、对发行企业债券和贷款实行贴息等方式，扶持新区内的先进制造和现代服务类企业发展。

3. 土地政策

对新区建设用地计划指标实行单列并予以倾斜，根据发展规划需要优先确保建设用地。

4. 其他政策

市政府设立百亿元专项资金，集中用于两江新区基础设施的起步建设。国家批准重庆设立的产业投资基金，引导优先支持新区基础设施建设和重点产业发展。对入驻两江新区工业开发区的工业企业，所缴纳的企业所得税地方留成部分，前两年由新区给予全额补贴，后三年按 50% 给予补贴。新区内高新技术产业领域或战略性新兴产业领域的企业，自获利年度起三年内，按有关规定提取的风险补偿金（按当年利润额的 3%～5%）可税前扣除。执行灵活的土地和房屋租赁政策。对重点支持的产业用地实行双优政策。对从事科技开发的企业、科研机构和高等院校，可安排房屋租金补贴。对区内符合国家产业政策的项目，在项目审核、土地利用、贷款融资、技术开发、市场准入等方面给予支持。对新引进的大型企业总部高管人员，给予安家资助等财政扶持，并建立分配激励机制促进人才引进。

（五）贵州贵安新区先行先试政策

1. 财税和金融政策

2013～2020 年，新区内新增地方财政收入全额用于设立贵安新区发展专项资金。鼓励新区加快推进金融改革创新。支持新区内符合条件的农村信用社改制组建农村商业银行，支持新区按照有关规定设立村镇银行。探索推动股权交易平台建设。继续对地方法人金融机构执行较低的存款准备金率，对符合国家产业政策规定、市场准入标准的企业和项目，鼓励金融机构积极给予信贷支持。支持符合条件的境内外金融机构按规定在新区设立分支机构和资金清算中心等。支持新区按规定设立贵安新区股权投资母基金。支持新区内符合条件的企业通过上市、发行企业（公司）债券和中小企业私募债等方式进行融资。支持保险资金在依法合规、风险可控的前提下投资基础设施和重点产业项目。开展民间资本管理服务公司试点。

2. 投资和产业政策

在安排新区重大基础设施项目时，可适当提高投资补助标准和资本金注入比例。采取多种形式，支持新区城际铁路和城市道路建设。对新区内符合国家发展战略方向、具有明显特色和优势的项目，在产业规划布局、项目审核、市场融资、产业准入等方面给予相关政策支持。支持新区在条件成熟时，按照程序申请设立综合保税区等海关特殊监管区域。支持符合条件的省级开发区升级为国家级开发区。鼓励与东中部及周边地区共建产业园区，比照国家级经济技术开发区予以指导和服务。将新区纳入国家分布式能源发展试点，探索开展区域电力直供。

3. 科技教育创新政策

鼓励和支持国家大型科研单位、重点高校开展科学研究和成果转化工作，在航空航天、电子信息、生物医药等产业领域高水平建设一批产业共性技术创新平台和企业研发机构。

实施科技成果转化的股权激励政策。设立科技型中小企业创新基金。鼓励高端人才和特殊人才创办企业，在贷款担保等方面给予支持。建立专业技术职称评定绿色通道，同等条件下优先评审在新区创业的高层次人才。积极研究为外国人在贵州入境提供便利的政策。

（六）广州南沙新区先行先试政策

1. 财税政策

根据南沙新区功能定位和产业发展方向，由财政部、税务总局会同有关部门研究制定支持南沙新区发展的财税优惠政策。

2. 金融政策

加强粤港澳金融合作，稳妥开展金融业综合经营、外汇管理等金融改革创新试点，支持南沙新区在内地金融业逐步扩大对港澳开放的过程中先行先试。支持港澳金融机构根据 CEPA 优惠措施及相关法规规定，在南沙新区设立机构和开展业务。国家鼓励和支持在南沙新区新设金融机构，开办期货交易、信用保险、融资租赁、信托投资等业务。允许符合条件的港澳机构在南沙新区设立合资证券公司、合资证券投资咨询公司和合资基金管理公司。鼓励港澳保险经纪公司在南沙新区设立独资保险代理公司。

3. 与港澳往来便利化政策

为南沙新区居民及在区内投资、就业的内地居民办理往来港澳通行证及签注提供便利，积极研究推动为南沙新区居民及在区内投资、就业的内地居民办理往来港澳地区通行一年有效多次签注。对外籍高层次人才给予居留便利，制定放宽免税居留期限、往来便利化等优惠政策。允许在南沙新区办理港澳地区航运公司所属船舶及非本地住所的个人所拥有游艇的船舶登记。条件成熟时，探索粤港澳游艇通关新模式。在南沙新区放宽进口游艇相关政策，试点游艇保险制度，便利粤港澳游艇出入境。

4. 扩大对外开放政策

建设粤港澳口岸通关合作示范区。条件成熟时，在南沙新区部分区域探索实行分线管理政策。简化南沙港区与香港葵涌码头船舶进出境手续。将广州港口岸整车进口港区范围扩大至南沙港区，支持南沙港区口岸开展零担拼柜出口业务。建设南沙（粤港澳）数据服务试验区。允许在南沙新区试点开展离岸数据服务。积极引导广东境内中国强制性产品认证（CCC）检测实验室服务南沙新区注册的港澳企业。增加南沙新区粤港澳直通车指标数量。

5. 土地管理政策

支持南沙新区开展土地管理改革综合试点。在不破坏自然生态系统平衡的前提下，保障南沙新区科学发展的必要用地。实行最严格的节约用地制度，从严控制建设用地总规模，在符合广州市城市总体规划和土地利用总体规划的前提下，合理确定新增建设用地规模、布局和时序安排。首期新增建设用地规模控制在60平方公里以内，严格按照土地利用总体规划组织建设，确需增加建设用地规模的，依法定程序报国务院批准。国家在编制年度土地利用计划时，根据南沙新区建设实际，给予适当倾斜。

在南沙新区开展土地利用总体规划定期评估和适时修改试点，强化规划实施的动态管理。南沙新区经国务院批准调整用地规模涉及减少耕地和基本农田，必须进行占补平衡和补划，确保广东省耕地保有量和基本农田保护面积不减少、质量有提高。支持南沙新区开展建设用地审批改革试点，试点方案报国土资源部同意后实施。

6. 社会事业与管理服务政策

积极支持南沙新区开展国家社会管理创新综合试点。鼓励和支持南沙新区开展国际教育合作试验。探索创新内地与港澳及国际知名高校合作办学模式，在自主招生、课程设置、学位授予等方面给予合作办学高校更大的自主权，并在国家承认方面给予支持。允许港澳地区的建设、医疗等服务机构和执业人员，持港澳地区许可（授权）机构颁发的证书，按照内地与港澳关于建立更紧密经贸关系安排的规定经备案或者许可后，在南沙新区开展相应业务。

从国家级新区总体方案以及专项制定的先行先试政策分析来看，新区享受到的政策支持逐步从国家全面倾斜向国家部分倾斜，再向鼓励地方倾斜及创新转变，从干预性的规制政策向激励性的引导政策转变。五象新区先行先试政策的制定必须与其核心功能、战略定位相符。首先，政策支持体系是为实现新区战略定位服务的，政策支持体系构成、政策实施机制构建、政策工具组合搭配都必须与新区战略定位相匹配。其次，对五象新区的政策支持要与经济社会发展、国家改革进程动态适应。支持政策不是一成不变的，政策变迁应当根据国家改革战略进行适应性调整。最后，五象新区的政策试验与学习机制应当不断深化，五象新区建设过程中，不能仅仅依赖国家政策、资源、项目的集中投入，还应重视隐性知识的使用条件和推广价值，提高政策试验与学习机制的实施效果与扩散效应。

四　五象新区先行先试政策建议

为深化五象新区体制机制改革，加快建成中国－东盟重要的开放合作平台和"一带一路"有机衔接的先行区，应着重在城乡规划、土地利用、金融保障、科技创新、产业发展、人才建设、服务贸易自由化、通关便利化、跨境贸易等领域开展先行先试。

（一）城乡规划

支持五象新区开展"多规合一"试点，适时修编五象新区总体规划，加强与经济社会发展规划、城乡规划、土地利用规划以及周边区域规划的衔接融合，建立统一的空间规划信息管理平台。深入推进五象新区户籍制度改革，探索建立健全农业转移人口市民化成本分担机制。

允许五象新区根据发展需要，在不改变城市主体功能和总体结构的前提下，对规划进行局部优化和调整，并按既定程序报批。探索推进新型基本公共服务均等化试点。开展农村集体产权股份制试点。

　　支持五象新区纳入全国统筹城乡综合配套改革示范区，创建国家级绿色生态示范区、亚太经合组织低碳示范城镇等城镇试点示范。深化农村综合改革和城乡规划管理体制改革，强化规划实施的监督管理。

　　支持五象新区将城市基础设施建设项目列入政府购买服务试点，推进市政公用设施投资主体多元化。在公共服务、资源环境、生态建设、基础设施等重点领域，试点推广政府与社会资本合作模式，设立五象新区新型城镇化发展投资基金、股权投资母基金和产业投资引导基金，采用特许经营等方式，引导各类投资主体参与新区基础设施和公用设施建设。

　　支持五象新区符合条件的基础设施、城乡社会事业和生态环境保护建设项目申报中央基建投资等有关补助资金。

　　打造"智慧五象"，加强城市管理和服务体系智能化建设，推进移动互联网、云计算、大数据、物联网、人工智能等新一代信息技术在新区城市管理服务中的广泛应用，全面推动"无线新区"、城市感知网、智慧政务服务、智慧环保、智慧水务、智慧园林、智慧社区、智慧园区等建设。

　　支持五象新区建成面向东盟国家的区域性通信枢纽，加快建设测绘地理信息基地、北斗导航卫星遥感应用基地等重要信息基础设施。

　　支持五象新区创建成为民族地区新型城镇化建设示范区，整合民俗特色资源，传承创新优秀民族民俗文化遗产，重点打造"互联网电商创业＋天使风投"模式的筑梦小镇，着力打造南宁市足球小镇，加快建设跨境贸易小镇、那马生态农旅小镇，高水平规划、高规格建设中国（南宁）国际园林博览园。

（二）土地利用

　　在国家统一部署下，支持五象新区依法开展土地管理改革综合试点，新区用地预审、审批按绿色通道程序加快办理，允许新区在土地开发整理和利用等方面先行先试。支持五象新区依法开展三维地籍、土地空间权利试点，细化地上、地表、地下土地使用权边界和权益。

设立五象新区国土资源局，作为自治区国土资源厅派出机构，享有设区市国土资源管理权限。现南宁市经济技术开发区国土资源局、南宁吴圩空港经济区国土资源分局等作为五象新区国土资源局的所属机构。委托五象新区在其范围区内依法履行国土资源的农用地转用、征收审查等管理职能。

自治区土地利用指标应优先保障五象新区的合理用地需求，争取国土资源部单列下达五象新区建设用地年度计划和城乡建设用地增减挂钩周转指标。

由自治区政府委托国土资源厅在自治区范围内依法统筹解决新区耕地占补平衡和城乡建设用地指标等问题。

支持五象新区在总部项目和科研项目用地类型、土地作价出资或入股等方面开展土地利用方式改革。对于符合条件的新区建设项目，列入自治区重点工程项目计划，优先安排林地征占用指标。

支持五象新区建立节约集约用地综合评价、激励机制和考核制度，鼓励开发利用地下空间，建立完善低效利用土地退出机制。

五象新区土地利用年度计划实行单列管理，试行土地定制开发、PPP一级开发等多种开发模式，开展工业用地弹性年期出让试点，实施划拨土地使用权分期供地、工业用地"租让结合""先租后让"和土地作价入股等新型供地模式。

（三）金融保障

深化落实沿边金融综合改革各项政策措施，鼓励开发性金融机构加大对新区的综合金融支持力度，探索建设五象新区金融学院。推动人民币与东盟国家货币通过银行间市场区域挂牌交易，争取开展跨境贸易人民币结算、离岸金融业务、人民币创新业务和外商投资企业外汇资本金意愿结汇等试点,积极申请开展人民币资本项下可自由兑换业务试点。

支持五象新区创建中国－东盟区域金融合作中心,全面开展金融业综合服务外包、综合经营、外汇管理、国际金融、科技金融、融资租赁等金融改革创新试点。

鼓励有条件的民间资本、国内民营银行、外资银行依法在五象新区设立民营银行、外资银行和中外合资银行,支持境内外金融机构在五象新区设立分支机构和运营中心。

支持五象新区金融机构探索开发新的信贷市场。争取各商业银行总行单列五象新区信贷规模。支持五象新区争取国家批准开展外商投资资本金结汇、跨境人民币直接投资和贷款以及国际商业保理公司审批试点,允许境外资金参股新区股权投资母基金,开展国际信托投资。联合国内外金融机构成立科技金融企业。

在五象新区开展投贷结合、创新债贷组合和租贷组合、资产证券化等试验,支持重点企业通过多层次资本市场上市(挂牌)或发行绿色债券、债务融资工具、企业债券、项目收益债券、保险信托计划等。

支持五象新区创建国家绿色金融改革创新试验区,支持绿色金融评估机构发展,引导会计师事务所、律师事务所、咨询公司等建立绿色评级体系,探索开展五象新区绿色评级试点。开展绿色信贷资产证券化、环境污染责任保险、主要污染物排放权、节能环保项目特许经营权、项目受益权等抵(质)押融资试点,建立排污权、水权、用能权等环境权益交易市场,支持保险资金以股权、基金、债权等形式投资绿色环保项目。

探索在五象新区构建"全牌照"绿色金融组织体系,支持金融机构在新区设立绿色支行或金融事业部,培育和引进各类股权投资基金、创业投资基金和其他私募基金,支持设立地方小额贷款公司、融资性担保公司、资产管理公司、金融租赁公司、基金管理公司等民营金融组织。

鼓励五象新区金融机构创新发展科技保险、责任保险、绿色信贷等产品，培育风险投资、资产管理、商业保理、互联网金融、基金、信托、金融租赁等新兴金融业态，探索发展以碳汇交易为代表的碳金融。

赋予五象新区财政金融局行使独立财政预算管理权，向自治区财政厅报告年度预算、预算执行情况和年度决算。设立相应的五象新区本级金库，直接对接自治区国库。将小额贷款公司和融资性担保公司等准金融机构审批权限授权五象新区管理机构。

自治区财政在安排新增债券额度以及区直部门在安排相关补助时，给予五象新区重点倾斜；自治区政府性基金单独设立五象新区子基金，自治区政府性基金其他子基金优先投向五象新区。

（四）科技创新

支持五象新区创建中国－东盟创新创业首选地，加强与东盟国家开展国际科技合作，推进区域性科技创新中心建设。加快建设中国－东盟技术转移中心、中国－东盟检验检测认证高技术服务集聚区等。

支持在五象新区创建中国－东盟科技研发协同创新园、中国－东盟科技成果转化基地，以科技协同创新为主体，引导区内外各类研发机构落户，加强与共建"一带一路"国家特别是新加坡等东盟国家高等院校、科研机构、研发团队的交流合作。

支持银行、政府、企业通过多种方式开展科技金融合作，设立五象新区科技创新引导基金，鼓励专家学者、科研人员、大学生群体创新创业，建设五象创客联盟总部基地、大学科技园、众创空间、留学生创业园、创客小镇、创客工场等科技创新载体。创建国家创新驱动试验区，争取中关村"1＋6"系列先行先试政策在五象新区落地。

鼓励五象新区加强与珠三角、长三角等发达地区创新创业合作，借助国内一流高校、科研院所的专业力量，成立先进制造业研究院，搭建协同创新平台，探索组建跨区域创客联盟、高新技术产业化基地。

鼓励高校、科研院所与五象新区开展战略合作，建立大型科学仪器、科研设施运行和共享机制，在科技资源统筹、科研项目后补助试点、科研项目经费预算使用自主权试点等方面进行先行先试。赋予五象新区管委会直接认定新区范围内自治区级科技企业孵化器的权限。支持全区重大科技研发专项在五象新区落地。

支持五象新区创建国家"双创示范基地"，鼓励"双一流"高校和知名科研院所在五象新区建立独立的研发中心，联合共建重点实验室，推动组建产学研联盟。

支持个人、高校、科研院所和企业在五象新区内单独设立或联合设立科技型内资公司，以知识产权等无形资产作价出资（入股）的，知识产权等无形资产占注册资本的比例（折算比例）可达70%。

在五象新区率先开展科技人员创新创业和科技成果处理、处置、收益管理改革试点，建立促进科技创新及成果转化的激励机制，鼓励高校、科研院所创办的科技创业企业实施股权激励，支持企业与高校、科研院所"双向"进入，着力培育一批成果转化型企业。

允许和鼓励高校、科研院所等事业单位科技人员经单位批准后到五象新区创新创业，在3~5年内保留其身份和职称，创业所得归个人所有，经考核合格后，在原单位薪级工资按照有关规定晋升。允许在读大学生、研究生经学校批准参与创业，创业实践业绩可按照学校相关规定计入学分。支持科技企业孵化器设立大学生创业专区。

建立五象新区知识产权质押融资贷款贴息、风险补偿机制，支持银行、证券、保险、风投、担保等各类金融机构、创新投资机构、中介服务机构到五象新区设立科技专营机构，设立五象新区科技风险投资基金，支持民间资本创办或者参股科技创业投资机构。

探索建立知识产权综合管理保护体制机制，建设知识产权示范区。支持五象新区建立知识产权交易平台，开展知识产权评估和交易转让服务以及融资担保工作，推动知识产权商品化和交易市场化。

（五）产业发展

加快申报创建"中国制造2025"国家级示范区，按照相关程序将自治区相关投资审批、外资管理、经贸合作等权限下放至五象新区。对五象新区在项目申报、项目审批、专项资金切块等方面实行计划单列。自治区财政每年给予五象新区2亿元定额补助，支持五象新区产业发展。

推进五象新区制造业与"互联网+""双创"融合发展，打造先进制造工业云平台，鼓励五象新区建立制造业创新体系，创建国家制造创新中心。鼓励五象新区构建多角度融合、垂直化整合的新型产业协同机制，建立关联产业股权式、契约式战略联盟。

鼓励五象新区积极培育新技术、新产业、新业态、新模式，支持重大技术和产业项目优先在新区布局，相关政策措施优先向新区倾斜，推动新区新制造经济、新服务经济、绿色经济、智慧经济和分享经济发展实现率先突破，把新区建设成为西部地区乃至全国贯彻新理念、培育新动能的示范区。

重点加强五象新区战略性新兴产业发展，抓好南宁经济技术开发区、新兴产业园等产业片区建设，加快培育特色优势明显的战略性新兴产业集群，重点推动形成新一代电子信息、生物制药、高端装备制造、新能源、节能环保等战略性新兴产业集群。开展自治区级高新技术企业认定。

支持五象新区符合条件的产业集群优先列入自治区级重点产业集群，优先申报国家新型工业化产业示范基地、出口质量安全示范区、自治区级产业基地。鼓励企业积极参与国际产能和装备制造合作，创建中国－东盟先进制造产业基地。

支持五象新区加快建设面向东盟的网络视听基地、北斗产业园、检验检测中心及认证中心等，筹备建设大宗商品交易所、跨境金融合作平台、跨境电子商务平台、远程医学中心等。加快测绘地理信息基地、北斗导航卫星遥感应用基地等建设，打造面向东盟的区域性国际信息产业新高地，与东盟国家携手共建"信息丝绸之路"。

积极争取中央专项建设基金等对五象新区重大产业项目的支持，推动自治区产业股权投资基金、自治区政府引导设立的各类产业投资基金向新区倾斜。

争取将五象新区纳入国家服务业综合试点，加快建设总部基地金融街、中国－东盟国际物流基地等，鼓励发展总部经济、保税物流、临空物流、绿色金融、服务外包、高端商贸、电子商务、文化旅游体育等现代服务业，支持符合自治区现代服务业发展导向的项目优先落户五象新区。

积极支持五象新区符合准入条件的企业参与电力用户与发电企业直接交易，支持符合条件的工业园区探索开展园区中小用户"打包"直接交易试点。

鼓励在五象新区采取政府与政府共建、政府与企业共建、企业与企业联建等方式，采用合作共建园区、授权挂牌运营等模式，与发达国家和地区政府、开发区、龙头企业共建产业园区。

（六）人才建设

支持五象新区开展教育国际合作与交流综合改革试验，与东盟国家、中国港澳台地区开展教育合作试点；探索与国际知名学校合作办学新模式，允许境外服务提供者按照相关法律经批准在五象新区设立国际学院和分支机构，创建中国－东盟教育交流合作中心。

探索搭建面向东盟国家的智库合作交流平台，支持五象新区开展引才引智创新创业示范基地建设试点，加快建设"互联网＋创新创业"示范区,打造大学生创业园、大学生创业孵化基地、大学生见习基地等,加快众创空间和新型创业平台、研究平台、人才平台、资金平台建设。

在五象新区实行高校毕业生"零门槛"落户,推行"先落户后就业",全日制本科及以上高校毕业生凭户口本、身份证、毕业证即可办理落户手续。

对新落户并在五象新区工作的博士、硕士、本科等全日制高校毕业生(不含机关事业单位人员),两年内分别发放每年1.5万元、1万元、0.6万元租房和生活补贴,博士、硕士毕业生在五象新区工作并首购房的,分别给予6万元、3万元购房补贴。新进五象新区企业博士后工作站的博士后科研人员,给予10万元生活补贴。

在五象新区工作、具有专科及以上学历或技师及以上职业资格的人才,首套购房不受户籍和个税、社保缴存限制。对申请住房公积金贷款的高层次人才不受缴存时间限制。

探索五象新区开设引进培养高层次人才或特殊、急需、紧缺人才绿色通道,自治区政府特殊津贴专家评选、百千万人才工程人员选拔名额对五象新区实行单列。

加快人才信息化建设,建立五象新区中国-东盟国际人才市场。规划建设国家级人力资源服务产业园,建设五象新区技能人才培养基地、产教协同创新基地。

赋予五象新区自主开展职称评审管理权限,支持新区开展职称晋升制度改革。在办理外国专家来华工作许可证和外国专家证方面,五象新区与设区市享受同等自主审批权。

允许五象新区科技人员在高校、科研院所和企业兼职,支持国有科技型企业对企业重要技术和管理人员实施股权、分红等激励。

(七)服务贸易自由化

争取国家支持五象新区开展对外服务贸易试点,推进与东盟国家服务贸易自由化，支持五象新区申建自由贸易园区、国际组织办事机构。

鼓励五象新区积极探索信息化背景下服务贸易发展新模式，依托大数据、物联网、移动互联网、云计算等新技术推动服务贸易模式创新，创建新区服务贸易新型网络平台。

鼓励五象新区探索建立与国际服务贸易通行规则相衔接的促进、服务和监管体系，探索适应服务贸易创新发展的体制机制。开展服务贸易领域地方性法规立法探索，营造法治化、国际化、便利化的营商环境。建立服务贸易跨部门协调机制。健全政府、协会、企业协同配合的服务贸易促进和服务体系，建立服务贸易重点企业联系制度。

鼓励五象新区设立服务贸易创新发展引导基金，为试点地区中小型服务企业提供融资支持。对进口国内急需的研发设计、节能环保和环境服务等给予财政贴息。鼓励金融机构创新供应链融资等业务，对经认定的技术先进型服务企业全面实施服务外包保税监管。

探索建立一批项目对接平台、国际市场推广平台、共性技术支撑平台等公共服务平台，为行业内中小企业提供公共服务，支持有特色、善创新的中小企业发展，引导五象新区中小企业融入全球价值链。

创新五象新区通关监管机制和模式，为服务贸易企业进出口货物提供通关便利。探索便利跨境电子商务、供应链管理等新型服务模式发展的监管方式。依托南宁综合保税区等海关特殊监管区域，发展特色服务出口产业。推动境内外专业人才和专业服务便利流动。

创新五象新区服务贸易统计体系，建立并完善服务贸易统计、监测、运行和分析体系，创新服务贸易统计方法和数据采集方式，积极探索服务贸易企业"一表式"统计，建立服务贸易企业动态数据库，探索建立对跨境提供、境外消费、商业存在和自然人移动等服务贸易模式的全口径统计。

成立五象新区服务贸易行业协会（服务贸易创新发展产业联盟），实施服务贸易重点企业认证制度和联系管理制度。

（八）通关便利化

加快五象新区电子口岸建设，建立"智慧通关"体系，率先探索"政务大厅一站式"办公，实施"一站式"智能通关查验系统等多项通关便利化措施，推动建设全领域、全流程"线上海关"。

探索推进五象新区各片区以及广西全域通关一体化，推动五象新区核心区与钦州片区、北海片区和边境口岸融合发展，建立健全共建共享机制。简化自治区内不同海关特殊监管区与南宁综合保税港区之间的货物往来手续，探索创新转关模式。

加快筹建五象新区海关，积极推行海关和检验检疫合作"一次申报、一次查验、一次放行"，以及国际贸易"单一窗口"新型通关模式，积极与东盟国家开展海关国际合作。

在五象新区口岸查验单位实行以"三互"（信息互换、监管互认、执法互助）为核心的东盟通关合作机制，建立大通关协调制度，实现信息共同享用，同一部门内部统一管理标准，不同部门之间配合监管执法、互认监管结果，形成具有国际竞争力的管理体制。

支持五象新区与共建"一带一路"国家特别是东盟国家和地区开展海关、检验检疫、认证认可、标准计量等方面的合作试点，探索与共建"一带一路"国家特别是东盟国家和地区开展贸易供应链安全与便利合作。创新东盟国家输入大陆商品快速验收机制。

在南宁保税港区试行出口口岸启运港退税政策，推动设立进境免税店和开展离境退税业务，支持五象新区纳入海关查验正常免除吊装等相关费用试点范围。

支持五象新区外向型企业开展对外投资或贸易的跨境人民币结算，对"走出去"重点项目在通关便利、进出口配额等方面给予扶持，将企业参加境外展会列入自治区重点扶持展会计划。

启动南宁综合保税区管理体制改革，支持南宁综合保税区拓展保税功能，发展保税融资租赁、境内外维修等新型贸易业态。申报创建南宁空港保税物流中心（B型），发展保税物流、保税商品展示交易。

（九）跨境贸易

建立中国－东盟跨境贸易电子商务综合示范区，向国家申报创建中国－东盟网上自由贸易试验区，采用网上直购进口模式、网购保税进口模式，开展与东盟国家跨境电子商务贸易试点。

支持银行业金融机构和非银行支付机构为开展跨境电子商务的东盟国家提供支付服务。

优化跨境电子商务海关进出口通关作业流程，建立涵盖进出口的跨境贸易电子商务新型海关监管模式。鼓励传统制造和商贸流通企业利用跨境电子商务平台开拓国际市场。

利用南宁综合保税区、中国－东盟国际物流基地、吴圩空港经济区等，加大信息服务、金融支撑、交通物流、人才资源等跨国合作，建立健全面向东盟的跨境金融、商贸物流合作体系。

支持五象新区利用航空口岸和南宁综合保税区建设临空型高端服务业集聚区，建设成为面向东盟跨境电子商务的中心、中国与东盟国家间网上销售的主渠道，创建跨境边贸小镇，发展跨境O2O体验展示中心、跨境电商总部楼宇、众创空间、数据中心等。

探索开展电子商务立法工作，构建跨境电商监管体系，创新监管机制，创建共享互通的信息化平台。建立各监管部门信息互换、监管互认、执法互助机制，构建跨境电子商务交易保障体系。

开展跨境电子商务出口商品简化归类，制定基于互联网交易和传输的服务贸易统计制度，获取重点企业的相关信息，建立检测和抽样统计制度，开展互联网服务贸易评估。

对符合条件的跨境电子商务企业"走出去"重点项目给予必要的资金支持。鼓励外贸综合服务企业为跨境电子商务企业提供通关、物流、仓储、融资等全方位服务。

第七章　五象新区重大项目策划研究

重大项目是一定时期内对区域经济社会发展起重大作用的工程项目，其涉及面广、影响深远、投资巨大，对经济发展具有较强的带动能力和示范效应。当前，五象新区各项建设加快推进，取得了阶段性成果，正在进入城市功能配套成形、产业加速集聚和开发建设全面提速的关键时期。重大项目具有投资规模大、投入产出水平高、在产业中所占比重大等特点，对优化五象新区产业结构、集聚生产要素、转变经济发展方式发挥了举足轻重的作用。策划和实施一批市场前景好、科技含量高、资源消耗低、环境污染少、经济效益优、带动能力强的重大项目，对促进五象新区项目集聚和产业集群、做大经济总量、优化经济结构、提高产业层次和产业水平具有重要作用。

一　重大项目策划基本概念

（一）项目及重大项目

项目是一个普遍的概念，根据定义的角度不同，有多种表述方式。美国项目管理协会（Project Management Institute，PMI）对项目的定义为："项目是一种旨在创造某种独特产品或服务的临时性努力。"联合国工业发展组织《工业项目评价手册》从投资角度对项目的定义是："项目是对一项投资的提案，用来创建、扩建或发展某些工厂企业，以便在一定周期内增加货物的生产或社会的服务。"我国对重大项目没有统一的规定，不同省份对不同领域重大项目的筛选标准也不统一。例如，2016年，福建省将农林水利、城建环保、产业投资达到2亿元以上的项目列为重大项目，而交通基础设施项目投资额要达到10亿元以上才入选重大项目。广东省则将对全省或区域发展具有重要影响、在本行业中建设规模较大的项目列为重大项目。广西"十二五"时期对重大项目的总投资额要求在5亿元以上，"十三五"时期的要求基数是2亿元。本章的重大项目，是指对五象新区建设有重大影响的项目。

（二）重大项目生成规律

重大项目生成，是在国家相关政策的支持下，投资主体结合区域资源条件和市场需求情况策划并能形成重大生产力的项目。重大项目生成规律见图7-1。

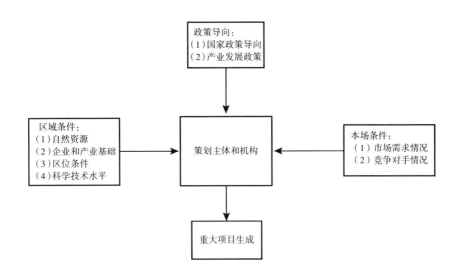

图 7-1　重大项目生成规律

政策导向。国家政策导向对重大项目的生成具有决定作用。国家政策对重大项目生成的影响主要通过行政法规制定、财政税收调节、投融资支持等手段和方式发挥作用。我国专门编制了《产业结构调整指导目录》，对鼓励、限制和禁止的产业进行详细说明。目前，国家对先进装备制造、农产品加工、高新技术、现代服务、节能环保等鼓励类产业在税收、土地使用、金融信贷等方面给予优惠支持。

区域条件。拥有丰富的自然资源，是生成重大项目的重要条件，必须走资源集约转换之路，通过引进、培育重大项目，提高资源开发效益和生态环境效益。利用产业和企业基础，突出培育龙头企业，进而依托龙头企业，向上下游延伸产业链，培育产业集群，从而形成重大项目群。位于交通枢纽的地区，可以围绕发挥交通优势培育重大项目，如建立大型批发市场、现代物流中心等服务业重大项目。借助和依托优秀人才、先进技术等谋划发展高科技重大项目，也是重大项目产生的重要途径，且此类项目的重要性日益凸显。

市场条件。市场需求是培育重大项目的首要前提。在市场经济背景下，没有市场需求，也就不会有重大项目产生。在世界经济全球化和区域经济一体化背景下，要充分利用国内和国际两个市场，根据市场需求结构变化，了解竞争对手情况，以供给侧结构性改革为主线，全力谋划重大项目，提升供给产品质量，淘汰落户技术和低端产品，推动产业转型升级。

（三）重大项目策划过程

开展重大项目策划，首先要明确产业的发展方向，需要对产业发展的内外部环境做一个全面的了解和分析，对新区的区域定位、资源约束、产业基础、人口及环境、产业发展空间、消费市场、区域竞争与合作等基本情况进行总体把握。在此基础上，选取产业链的关键环节确定为优先发展的重大项目，将产业链分块实施，制订切实符合当地情况的重大项目规划方案。重大项目策划过程见图7-2。

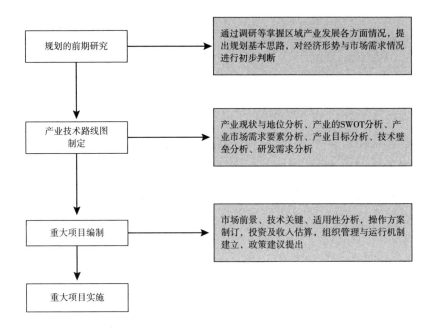

图 7 - 2　重大项目策划过程

二　五象新区项目建设现状

（一）项目建设成效

"十二五"时期，五象新区各项建设取得重大进展，主要经济指标顺利完成。累计引进产业项目 167 个，是"十一五"时期的 23.85 倍，其中世界 500 强、国内 500 强和境外上市公司分别为 11 家、19 家和 15 家，累计完成投资 913.75 亿元，是"十一五"时期的 5.16 倍，累计开工项目 495 个、竣工项目 152 个，分别为"十一五"时期的 8.38 倍和 15.2 倍，基础设施、市政配套设施、公共服务设施和企业引进等方面的项目建设都取得了显著成效。

基础设施方面。五象新区重点桥梁、主干道路、片区路网加快建成，内外交通网络逐步构建。五象大道、良庆大桥等连接老城区的跨江桥梁以及五象玉象立交、五象平乐立交、平乐玉洞立交等均已建成通车，青山大桥、青坪大桥加快建设，新区"三纵三横"主干网络基本建成，总部基地金融街、蟠龙片区组团主次道路全面建成，88条道路建成通车，第二机场高速、玉洞大道拓宽以及玉象路二期等建成通车，城市快环投入使用，贯穿新区的地铁2号线、3号线和4号线开工建设，总部基地金融街地下空间综合利用项目建设全速推进。

市政配套设施方面。总部基地片区配套官网工程基本完成，龟山半岛供水加压站一期工程、五象污水处理厂等配套项目投入使用。新区污水管网主干管网及重点区域管网建设即将完成。五象湖公园、总部休闲公园及一批休闲娱乐设施建成并投入使用，滨江公园等项目加快推进，邻家广场、垃圾转运站、公厕、公交场站等配套设施日益完善。

公共服务设施方面。教育设施方面，邕宁高中、南宁三中、滨湖路小学、衡阳路小学五象校区、五象新区第一实验小学等学校已建成招生。南宁四中、南宁十四中、民主路小学五象校区等学校已开工建设，南宁一中、南宁三中初中部建设加快推进。医疗设施方面，广西国际壮医医院、南宁市儿童医院和南宁市明安医院等已开工建设，宝能前海人寿综合医院和专科医院已完成项目前期勘察设计工作。文化体育设施方面，广西美术馆、广西青少年活动中心、南宁博物馆等一批重大工程已投入使用，广西文化艺术中心、广西新媒体中心建设加快推进。

企业引进方面。目前已入驻五象新区的有中国联通、中国移动、南方电网、绿地集团等18家世界500强企业，上海世贸、海尔集团、青岛啤酒等20家国内500强企业，万科集团、恒大集团、龙光地产、万达集团、碧桂园、招商局集团等17家境外上市公司，交通银行、邮储银行、兴业银行等11家金融保险企业。

（二）各主要片区产业发展现状及发展方向

从空间布局看，五象新区主要由启动区、南宁经济技术开发区、吴圩空港经济区、江南工业园区沙井片区、牛湾港作业区和新兴产业园组成。各片区实施统一规划、错位发展，目前各片区建设已经取得了初步成效，发展情况和发展方向具体如下。

启动区。规划面积为 175 平方公里，以金融、保险、商贸、保税物流、文化创意、信息服务、房地产为主导产业，目前已进驻交通银行、邮储银行、兴业银行、平安保险、太平保险、招商局物流、中国移动、中国联通、万达集团、万科集团、绿地集团和天誉地产等 48 家规模以上工业企业，工业总产值达到 157.11 亿元。未来，启动区将结合现有产业基础，突出行政商务办公、金融、高端商业功能，统领五象新区特色优势产业体系构建，建设面向东盟的区域总部企业和金融中心，推进中国 - 东盟信息港核心基地建设，打造服务中国 - 东盟自由贸易区的国际通信网络和信息枢纽，加快跨境贸易合作基地、跨境信息服务基地和综合保税物流体系建设，搭建文化体育、医疗健康交流平台。

南宁经济技术开发区。规划面积为 37.8 平方公里，以生物制药、机械制造、轻工食品发展为主导产业，引进海王制药、修正药业、中恒制药、神冠制药、台湾三合兴药业、华辰药业、娃哈哈、研祥集团等 79 家规模以上工业企业，工业总产值达到 498.73 亿元。未来，南宁经济技术开发区将继续加强民族医药研发，提升生物制药产业能级，推动传统优势产业绿色低碳循环发展，打造西南中南地区重要的复合型循环经济示范区。

吴圩空港经济区。规划面积为 128.4 平方公里，以临空物流、临空高技术为主导产业，已完成北部湾航空、南方航空广西基地、天津航空跨境电商、翔飞航空食品、华南蓝天航空食品等 22 个产业项目，总投资为 280 亿元。2015 年，吴圩空港经济区共有规模以上工业企业 41 家，工业总产值达到 126.33 亿元。未来，吴圩空港经济区将加快培育空港物流、航空维修制造、临空高新、空港商务四大临空产业集群，推进与综合保税物流体系的全面融合发展，打造成为跨境电商集散分拨中心、新兴航空产品制造基地和对接东盟的国际区域性飞机综合维修基地。

江南工业园区沙井片区。规划面积为 31 平方公里,以新一代电子信息技术为主导产业,目前有富士康(南宁)科技园、东盟国际医疗健康电子信息科技综合产业园等项目。2015 年,江南工业园区沙井片区共有规模以上工业企业 7 家,工业总产值达到 290.52 亿元。富士康(南宁)科技园研发检测认证中心成为国内一流的研发中心。未来,江南工业园区沙井片区将继续对接中国 - 东盟信息技术产业合作促进联盟,加快建设集研发、检测、智能、生产等于一体的新一代电子信息创新创业园区和产业集聚区,打造面向东盟的工业原料和东南亚产品交易集散中心。

牛湾港作业区。规划面积为 13 平方公里,以临港加工商贸物流为主要产业,已引进北部湾投资集团、银泉物流、银鸥物流、创科新建材、桂物资源循环等产业项目。2015 年,牛湾港作业区共有规模以上工业企业 2 家,工业总产值达到 1.98 亿元。未来,牛湾港作业区将依托西江黄金水道,发展要素交易和港口散货交易,重点发展临港加工和商贸物流,打造港城港产联动、服务珠江 - 西江经济带和广西北部湾经济区发展的重要航运枢纽。

新兴产业园。规划面积为 35.3 平方公里,以高端装备制造、新能源汽车、节能环保为主要产业,目前已有中国中车、源正新能源汽车、三一重工、广发重工、新峰钢构、桂合集团、南亚电器和广西建机等 79 家规模以上企业入驻,工业总产值达到 498.73 亿元。未来,新兴产业园将大力发展新能源汽车、城市轨道车辆、新材料等战略性新兴产业,承载国际产能合作服务基地等战略任务,打造成为广西战略性新兴产业集聚区。

(三)存在的问题

"十二五"以来,五象新区各项工作取得了显著进展,但是在推进项目实施过程中还存在一些问题。

一是受宏观经济整体下行的影响，企业信心不足，投资意愿下降，投资速度放缓，一些项目没有按时完成投产，保增长压力趋大。

二是国家加大了地方政府债务的管控力度。尤其是受《国务院关于加强地方政府性债务管理的意见》（国发〔2014〕43号）限制，平台公司的政府融资职能被剥离，政府债务不得增加，导致基础设施项目融资越来越困难。PPP项目推进缓慢，虽然启动区总部基地地下空间、南宁市儿童医院、南宁市第二社会福利院三个项目已纳入重点推进PPP试点项目，但是由于审批程序方面的原因，实施进度明显受到影响。

三是征地拆迁难度越来越大。五象新区征地拆迁涉及城乡居民较多，情况比较复杂，协调难度较大，尤其是农民对征地拆迁补偿期望值过高，农民回建房建设速度较慢，土地纠纷及历史遗留问题突出。

四是招商引资力度不够。五象新区各片区中，除启动区项目布局基本完成外，其他片区在招商过程中都不同程度地存在一些问题，如招商产业结构不合理、实体经济产业项目少、地产类项目明显偏多等。

三　五象新区重大项目策划总体思路

（一）基本思路

1. 要瞄准五象新区战略定位

五象新区重大项目的策划要瞄准打造成为"一带一路"有机衔接重要门户的核心节点、中国（北部湾）自由贸易先行先试区、西南中南地区开放发展战略支点核心区、西南地区标杆性国家级新区和民族地区新型城镇化示范区等战略定位，要在广西乃至国家层面与东盟国家在贸易、文化、科技等交流合作领域布局重大项目，在重点产业布局重大项目，以重大项目的建设支撑战略定位的实现。

2. 要着眼于五象新区建设目标

五象新区的近期发展目标为 GDP 达到 820 亿元以上，工业总产值达到 2000 亿元以上，基本形成现代产业体系；远期发展目标为与东盟国家的"政策沟通、道路联通、贸易畅通、货币流通、民心相通"取得显著成效，建成富有壮乡首府特色和亚热带风情的生态宜居宜业新城。要实现五象新区的近期发展目标和远期发展目标，应在金融、云计算、大数据、新能源、新材料、先进装备制造、生物医药等领域谋划布局一批重大产业项目。围绕"三河"（八尺江、良庆河、楞塘冲）、"六湖"（五象湖、良庆湖、楞塘上湖、楞塘中湖、新坡湖、八尺湖）等水系实施一批水利和环保重大项目。在城市轨道交通、BRT 公交、高速公路、航空、水运等领域谋划布局重大交通项目，实现五象新区与南宁市现有交通网络体系无缝连接。

3. 要体现五象新区优势特色资源

五象新区具有良好的区位、产业基础和民族文化等特色优势。要充分利用与东盟国家邻近优势，突出发挥好"南宁渠道"作用，走特色开放发展之路，提升与东盟及周边省份的合作水平，着力在合作平台、保税物流、信息共享等领域谋划实施一批重大项目。依托新一代信息技术、总部金融、新材料等优势产业谋划布局一批重大产业项目，进一步提高优势产业的精深加工水平，突出壮乡特色民族文化，谋划实施一批重大文化项目。

4. 要立足现有基础优化布局

要根据五象新区现有的资源和产业分布，结合未来发展总体规划，重点围绕"一核、两廊、五区"布局重大项目，即在五象新区核心区，突出总部基地、金融保险、商贸物流、文化创意、双创商务、信息服务和房地产业发展，谋划实施一批高档住宅楼、写字楼、商务中心及文化创业中心等城镇建设项目。重点沿五象岭森林公园－良凤江国家森林公园生态走廊，谋划实施生态环保重大项目，沿八尺江沿线生态走廊谋划一批生态旅游、生态养老等重大项目。统筹五个产业园区发展规划，实施错位发展，谋划实施一批市政配套和服务设施重大项目。在南宁经济技术开发区谋划实施一批生物医药、先进制造等重大产业项目；在吴圩空港经济区谋划实施一批空港物流、航空维修制造、临空高技术、空港商务等空港物流重大项目；在江南工业园区沙井片区谋划实施新一代电子信息、会展中心等重大项目；在牛湾港作业区实施一批港口基础设施和物流基地重大项目；在新兴产业园谋划实施一批新能源、新材料、高端装备制造和节能环保重大项目。

（二）策划原则

一是规划引领，统筹兼顾。加快编制产业发展总体规划，突出规划的先导性和统领性，统筹各产业布局，以加快形成区域经济协调发展新格局为重点来规划布局项目，牢牢把握重点领域和主要问题，突出项目建设重点。在项目数量上，要统筹兼顾各行业、各片区均衡发展。

二是市场主导，政府引导。坚持市场在资源配置中的决定性作用，根据五象新区建设发展需求情况，在基础设施、产业转型、环境保护和民生建设等重点领域谋划实施一批重大项目。充分发挥政府财政、税收等政策的引导作用，着力推进行政审批制度改革，更好地优化布局和推进重大项目建设。

三是改革推动，优化升级。继续深化项目行政审批制度改革，下放审批权限，优化审批流程，提高审批效率。创新重大项目实施管理机制，严格选择标准和程序，强化责任落实，完善退出机制，优先安排关键领域、薄弱环节的重大项目，淘汰落后产能，坚决摒弃重复性建设和低水平建设。

四是绿色生态，集约发展。开展重大项目策划与建设，必须以生态保护为先导，以绿色循环、低碳发展为导向。在产业设计初期就要坚持走资源高效综合利用道路，控制和禁止污染源转移，着力推进节能减排，推动集约发展，促进经济社会发展方式深刻变革。

四　五象新区重点领域重大项目策划

（一）基础设施

1. 基础设施建设目标

交通运输目标。全面对接南宁市现有的交通要道和交通节点，实现新区和老城区无障碍通行、江南和江北有机衔接、主要交通要道间无缝连接，形成便捷通畅、高效安全、现代智能的综合交通体系。

能源目标。统筹优化能源发展战略布局，合理配置能源资源，推进能源开发、生产和消费全过程节能减排，提高能源综合利用效率，打造能源综合利用示范区。

水利目标。保障五象新区日常生产生活用水，提升新区内水资源自给自足能力和主要河道的防洪排涝能力，进一步提高新区水资源承载力。

信息基础设施目标。建设足以承载中国－东盟信息共享、技术合作、经贸服务、人文交流的"硬件基础平台",建成设施齐备的"智慧港"。

2. 基础设施建设优势和劣势

五象新区依托现有的基础设施建设成效,具有以下优势条件。

一是政策优势。国家和广西支持南宁推动与东盟的各项合作,出台《广西壮族自治区建设面向东盟的金融开放门户总体方案》等政策,紧紧围绕现代金融、智慧物流、数字经济、文体医疗等重点领域和产业发力,促进五象新区加快发展。

二是主要设施骨架基本形成。五象新区内形成"三纵三横"主干路网,对接吴圩国际机场、南宁东站、南宁站、各大汽车站等人流量较大的节点,对接兰海高速、南宁绕城高速、南友高速等重要高速公路及其节点,对接民族大道、竹溪大道、秀厢大道、大学路和明秀路等的主干道基本完成。

三是邕江横跨五象新区北面,两条河流自南向北流动,分别与邕江汇流。

四是总部基地板块已入驻中国移动、中国联通等 16 家知名企业。中国－东盟电子商务产业园等一批核心产业园区加速建设,中国移动广西公司五象新区信息交流中心、中国联通南宁总部基地、广西电子政务外网云计算中心等一批基础项目开工建设,中国电信南宁五象新区国际性通信枢纽、中国移动新型绿色数据中心等一批具有国际视野和战略前瞻性的项目基本建成。

同时,五象新区在基础设施建设方面也存在以下不足之处。

一是建设连接北海、钦州、防城港三市及周边其他地区的骨干交通网络体系仍不够完善,牛湾港港口基础设施有待完善,连接五象新区启动区和牛湾港作业区的路网亟待完善,连接新老城区的地下轨道交通网尚未形成,新区内交通网络不够密集。

二是信息基础设施相对薄弱，一些信息基础设施项目刚刚建成，尚未形成辐射带动作用。

三是当前经济下行压力大，投入建设资金有限，征地拆迁成本高，项目建设进度放缓。

3. 基础设施建设技术路线

推进五象新区基础设施建设，前期应优先完善交通、信息、能源等基础设施和平台建设；中期要进一步完善新区内交通网络体系和信息网络体系，进一步推动新区与周围的交通连接；远期要朝智能基础设施、智慧新区方向全面发展。

要加快完善基本路网骨架，逐步向体系化方向过渡。要完善新区内主干交通网，并对接与新区连接较为紧密的重点交通节点，完善新区内各片区的路网建设，实现各片区来往通畅，加快推进与老城区的地下轨道交通网建设，进一步优化与北部湾其他三市的交通连接，推动新能源、信息基础设施建设取得显著成效，地下轨道网初步实现与老城区连接，与北部湾经济区其他三市的连接更加便捷。

4. 基础设施建设重大项目方向

根据五象新区基础设施建设技术路线，明确基础设施建设方向，结合初步形成的基础设施和正在实施及即将实施的基础设施项目，下一步，五象新区应重点在交通基础设施方面集中突破，打造开放发展的交通优势。重点建设五象新区"通江达海"重大交通基础设施工程，即升级明阳大道为城市大道项目，建设明阳电灌站至大塘镇高速公路项目，延长江南大道沿江往东至牛湾港作业区项目，升级蒲庙镇至牛湾港作业区道路为城市大道项目，建设吴圩至良凤江景区河流综合整治工程等基础设施重大项目。

（二）产业发展

1. 产业发展目标

五象新区产业发展的近期（2016～2020年）目标为，GDP达到820亿元以上，工业总产值达到2000亿元以上。其中，生物医药、机械制造和轻工食品总产值达到1400亿元，临空产业实现总产值500亿元，新一代信息技术产业产值达到100亿元，货运量达到1000万吨以上，高端装备制造、新能源汽车和节能环保等战略性新兴产业工业总产值达到100亿元。金融、云计算、大数据等现代服务业和新能源、新材料、先进装备制造、生物医药等战略性新兴产业加速集聚，现代产业体系基本形成。

五象新区产业发展的远期（2021～2030年）目标为，经济实现跨越式增长，创新驱动发展成果显著，集成集约集群发展的现代特色产业体系更加完备。全面打造成为面向东盟的区域总部企业及金融中心、服务中国－东盟自由贸易区的国际通信网络和信息枢纽、西南中南地区重要的现代高端制造业基地、面向东盟的工业原料和东南亚产品交易集散中心、区域性航空综合维修基地和跨境电商集散分拨中心、广西战略性新兴产业集聚区以及服务广西北部湾经济合作区和珠江－西江经济带发展的重要航运枢纽。

2. 产业发展优势和劣势

五象新区产业发展具有以下优势。

一是产业发展基础好。2015年，生物制药初步形成产业集群，入驻临空产业项目达22个，总投资280亿元，富士康（南宁）科技园工业总产值达到282亿元，中国中车、源正新能源汽车实现投产。

二是入驻了一批知名企业。富士康、交通银行、兴业银行、中国移动、中国联通、海王制药、修正制药、中恒制药、华辰药业、北部湾投资集团、银泉物流、中国中车、源正新能源、万达集团、万科集团、宝能集团、绿地集团、上海世贸等一批知名企业入驻五象新区。

三是技术优势。五象新区在生物制药、新一代信息技术、新能源汽车、机械制造以及新材料研究等领域具有较强的科研实力，各类人才集聚，企业实力雄厚，具有产学研协同研发能力，可为产业项目建设和优势产业发展提供有力的创新支撑。

同时，五象新区产业发展也存在以下不足。

一是缺乏产业总体规划。目前有意向投资新区的企业和研发机构很多，但新区缺乏行之有效的产业总体规划，致使研发方向、资金投向分散，有限资源未能发挥应有的作用。

二是产业规模效应不足。新区机械制造、临空物流、商贸流通、装备制造和节能环保等产业规模较小，集聚能力不强，辐射带动能力弱，产业链短，缺乏协同发展。

三是产业结构亟待优化。在新区引进的产业中，发展较快的是房地产行业，而新一代电子信息技术产业和生物制药产业引进的实体项目较少，受经济下行压力影响，项目引进和落地实施难度增大。

四是新区产业基础配套不够完善。新区缺乏高端先进的生物制药研究机构，对提升生物制药产业的核心竞争力支撑不足。缺乏与机械制造和高端装备制造相匹配的零部件制造产业，目前新区电动汽车特别是纯电动汽车缺乏与之相配套的充电站。

3. 产业发展技术路线

综合以上的分析，五象新区产业发展可通过初期阶段的引进培育、中期阶段的组团集聚和远期阶段的转型升级三个阶段实现产业的梯度推进和升级发展。

初期阶段（2016～2018年），注重引进培育。这个阶段主要是加大招商力度，对于新区已有一定发展基础的生物制药、新一代电子信息等产业，招商的重点是完善产业的基础配套项目。对于发展基础较为薄弱的轻工食品、机械制造和节能环保等产业，应着力"招大商""大招商"，引进知名企业，引进重大项目，以带动产业发展。对于新区无基础但有发展潜力的产业，应努力培育良好的产业环境，积极引进初创型或龙头型项目。

中期阶段（2019～2021年），注重组团集聚。这个阶段主要是在之前引进培育的基础上，进一步整合新区产业和企业，完善产业链条，推动新区内各片区间、新区与老城区间的产业协同发展，组团发展形成产业集群，提升产业竞争力。

远期阶段（2022～2025年），注重转型升级。根据产业发展理论，当产业发展到一定阶段时，受消费者需求变化、生产设备和技术演化等因素的影响，原有产业已不能适应新阶段的需要，产业的转型升级就显得尤为重要，这个阶段需要加大对企业的技术改造和产品的研发力度，从而促进产业的转型升级。

4. 产业发展重大项目方向

根据五象新区产业发展技术路线，明确产业发展的方向，结合五象新区已有的产业发展基础，依托企业各产业链关键技术，确定五象新区产业发展的重大项目方向。一是突出特色产业和资源。依托中国－东盟信息港、金融街、综合保税区等重大开放合作平台，开发储备跨境金融、现代物流、信息服务、文化旅游和外贸承接等产业项目。二是围绕培植培育新兴产业，开发储备新一代电子信息、生物制药、高端装备制造、新能源、节能环保等战略性新兴产业，以及金融服务、文化创意、电子商务、科技服务、服务外包、都市休闲旅游等产业项目。

（三）生态环保

1. 生态环保建设目标

五象新区生态环保建设主要目标为，构建源头预防、过程控制、损害赔偿、责任追究的新型生态文明体系，推进国家绿色生态示范城区建设，打造绿色生态宜居新城，建设海绵城市。

2. 生态环保建设优势和劣势

五象新区生态环保建设优势主要如下。

一是国家和自治区比较重视生态环境建设，支持新区推进绿色生态示范区建设。

二是生态基础良好。五象新区风光秀美，自然风光和人文景观交相辉映，"两山两江"和"29条内河溪流"自然天成，两大绿色生态走廊建设成型，森林覆盖率、空气优良率相对较高，水质优良，空气质量总体良好，土壤环境保护较好。

同时，五象新区生态环保建设也存在以下不足。

一是地形地势复杂。五象新区地势不够平坦，地形相对复杂，生态环保建设成本较高。

二是水资源储量不够充足，需要保护的区域范围较大。

3. 生态环保建设技术路线

五象新区的生态环保建设技术路线为，优先构筑以"两廊"为骨干的生态保护屏障，以海绵城市建设为契机，进一步完善邕江、八尺江及内河溪流水系综合整治，全面推进河流、湖泊、湿地的治污、截污、补水和水生态修复。推进园区循环化改造，进一步优化街区路网结构和绿化空间，推动发展开放便捷、尺度适宜、绿树成荫的生活街居。

4. 生态环保建设重大项目方向

根据五象新区生态环保建设技术路线，明确生态环保建设主要方向，结合五象新区已有的生态环境基础，确定五象新区生态环保建设重大项目方向，包括五象岭森林公园－良凤江国家森林公园生态走廊环境综合整治工程、八尺江沿线生态环境综合整治工程、良凤江景区改造项目等。

五　五象新区建设典型项目建议

在经济发展进入新常态、传统优势弱化、新的优势和新的动能尚未形成的背景下，五象新区建设国家级新区的环境和条件已经发生了巨大的变化，这就要求五象新区建设要有新的举措、新的模式。建设中国－东盟（五象）书城、打造大型文化消费综合体、提升文化供给能力、满足群众文化需求，是提升五象新区建设品质和南宁城市文化底蕴的关键。

（一）文化建设是推进国家级新区转型升级发展的重要力量，打造和建设大型文化消费综合体，是一个行之有效的路径

从现有国家级新区建设来看，文化建设对提升新区的要素集聚能力和建设品质具有重大影响。国家级新区建设不能走老路子，要积极探索发展路径、创新发展模式、释放文化需求、增加文化供给，加快文化领域的供给侧结构性改革，把文化建设作为新区发展新的推动力和新的增长极。

1. 新经济、新模式、新产品、新业态下的行业变化，促使传统服务模式加快转型

随着网络信息技术的迅猛发展，网上书城逐渐兴起，便捷支付

日益普及，书城业态发生了极大的变化，形成了线上购买、线下体验的全新模式，实体书城的经营陷入了困境。目前，国内大多数书城仍处于传统的图书销售模式，基础设施陈旧，服务被动保守，难以满足人们对购买环境、文化氛围以及便捷服务的全新需求。现代化的书城是线上线下一体化的体验式书城，是具备"一站式"文化、艺术、休闲服务功能的大型文化消费综合体，有助于推动"被动体验"转变为"主动体验"，能够优化支付手段，改善体验环境，实现书城建设转型升级。

2. 为适应新业态的新要求，多个城市着手推进文化综合体建设，培育新的城市增长极

目前，北京、上海、深圳、成都、青岛、西安、合肥等地已经或正在建设大型文化消费综合体，努力提升文化产业的供给能力，其中深圳中心书城和合肥书城（在建）具有代表性。深圳中心书城位于深圳市中心区，建筑面积为 8.2 万平方米，是深圳市核心地段中规模最大、设施最完备的文化空间，也是目前全国最大的书城和世界单体面积最大的"体验式"书城。深圳中心书城实行多元化的经营模式，是一个集休闲、购物、娱乐于一体的大型文化消费综合体。合肥书城文化创意综合体落户合肥滨湖新区，于 2015 年 6 月启动建设，旨在打造占地 200 亩、亚洲最大的中心书城，建成后将由深圳出版集团负责业态招商、项目引进和整体运营，将被打造成具有跨界综合效应的创意文化平台，成为安徽省最大的集文化阅读、创意设计、休闲娱乐、教育培训、商业服务于一体的公共文化生活中心。

（二）建设中国－东盟（五象）书城的必要性和重要意义

建设中国－东盟（五象）书城是把文化发展繁荣放在五象新区建设的突出位置，形成五象新区建设的强力支撑，对增强五象新区

文化供给能力，把五象新区建设成为国内一流、独具特色的现代化新城具有重大的现实意义。

1. 建设中国 - 东盟（五象）书城的必要性

随着经济社会发展水平的不断提高，人们对精神文化的需求日益增长。建设中国 - 东盟（五象）书城，不仅能够推进文化领域供给侧结构性改革，着力增加优质文化产品和服务供给，而且能够为五象新区建设凝聚人气、集聚要素，提供新的发展动能，形成新的辐射带动。第一，南宁市现有实体书城规模小、功能弱、档次低，难以满足现代文化消费需求，缺乏具有高品质、"一站式"文化服务功能的大型书城。第二，五象新区作为南宁市城市规划中的全新城区，随着轨道交通建设和人居环境的不断改善，有条件规划和建设大型文化综合体。第三，五象新区文化产业支撑力较为薄弱，建设中国 - 东盟（五象）书城，受众面广泛，凝聚人气和拉动消费的能力较强，能够带动五象新区的升级发展。

2. 建设中国 - 东盟（五象）书城的重要意义

一是有助于提升五象新区的文化品质。中国 - 东盟（五象）书城建设有利于提升五象新区的文化品质，提高首府城市的文化品位，促进中国 - 东盟文化交流合作，有利于增强五象新区创建国家级新区的文化软实力。二是有助于打造与东盟文化交流合作的标杆项目。中国 - 东盟（五象）书城建设应以打造国际文化交流合作体和创建"国内一流、国际先进"的文化品牌为目标，建设成为中国 - 东盟文化交流合作基地，进一步深化与东盟各国的文化交流。三是有助于加快推进五象新区建设。有利于实施文化立城、文化建城、文化强城的建设导向，打造成为五象新区的公共文化生活中心、文化创意产业集聚基地以及城市文化地标。

（三）建设中国－东盟（五象）书城的对策建议

1. 借鉴先进城市书城建设的成功经验

充分借鉴和吸收先进城市书城建设的成功经验，建设理念更加超前、体验更加充实和功能更加完善的中国－东盟（五象）书城。建议认真研究学习深圳中心书城和合肥书城的建设经验和运营模式，引入深圳出版集团联合建设和整体运营，打造成为粤桂产业合作典范。引入国际设计机构的先进理念，将中国－东盟（五象）书城打造成为国际先进的具有民族特色和东盟特色的文化"MALL"。

2. 明确书城的建设定位和功能定位

中国－东盟（五象）书城应打造成为具有跨界综合效应的创意文化平台，建设成为西部地区最大的集文化阅读、创意设计、休闲娱乐、教育培训、商业服务于一体的公共文化生活中心。在功能设置上要让书城成为集文化消费、文化欣赏、文化交流、文化传播、文化培训于一体的城市文化综合体。

3. 选择适宜地址，融入国际元素、民族元素和东盟元素

结合五象新区轨道建设，建议选址在五象湖周边建设中国－东盟（五象）书城。在建筑风格上要凸显城市特色和民族特色，并适度融入东盟元素。在功能分区上要有体验功能区、图书馆藏区、文化培训区、休闲娱乐区、大型购物区等，以满足消费者的不同体验要求。

4. 完善书城配套设施建设

在交通、水电、网络以及休闲场所等配套设施方面，提前做好规划。充分考虑书城的交通状况以及未来的停泊车压力，建设智能

立体停车场，规划设计 1000 个停车位，以钢铁为主要架构外层，覆盖以绿色藤蔓，与周边环境相融合，体现低碳生态理念。在书城附近建设文化主题公园，以文化元素为主体，与园艺、现代建筑相融合。

六 五象新区重大项目策划对策建议

（一）加强组织领导，完善项目推进机制

强有力的组织领导是重大项目顺利推进的保证，要专门成立五象新区重大项目领导机构，机构领导由自治区或南宁市主要领导担任，各级领导要把重大项目建设工作放在更加突出的位置，随时掌握项目建设的情况，及时协调解决项目建设中存在的问题。健全完善"责任落实、要素保障、高效审批、协调服务、项目助推"等机制，助力重大项目落地实施。建立健全"谋划一批、签约一批、开工一批、投产一批、增资一批"即"五个一批"项目常态化管理机制，进一步强化项目入库跟踪管理。

（二）注重前期工作，营造良好生成环境

项目的前期工作是项目成功落地实施的重要保证，主管部门要积极配合新区投资商做好项目规划、项目选择、项目建议书（预可研）编制、可行性研究、论证、申报、立项审批（核准、备案）、征地拆迁、招投标、报建报监等前期工作。按照国家和自治区全面深化改革要求，继续加大行政审批制度改革力度，遵循权力和责任同步下放、调控和监管同步强化的原则，同步下放项目审批核准前置条件审批权限。针对五象新区合理调整企业投资项目核准权限，对通过经济和法律手段能够实现有效调控的项目，取消核准，改为备案管理。实行限时办结制，同步推进审批事项办理，提高重大项

目审批工作效率，进一步为五象新区重大项目的生成和培育营造良好环境。

（三）加强项目策划，做好招商引资工作

成立重大项目策划小组，深入研究国家及自治区产业政策与投资重点，结合五象新区自身资源优势和产业优势，强化调研，超前谋划，形成项目库。加大重大项目招商引资力度，把招商引资作为新区扩大投资的主要抓手，针对策划项目，围绕中国－东盟信息港核心基地建设，狠抓区域产能合作，围绕电子信息、生物医药等优势产业延伸产业链，促进精深加工，加快编制《五象新区重点招商目录》，把招商引资项目库建设目标任务分解到各部门，积极组织新区各片区组团到珠三角、长三角等发达地区开展专题招商工作。加快推进产城互动类、实体产业类项目的招商引资工作，力促项目落地开工建设。

（四）推进投融资改革，争取专项资金支持

重大项目的落地实施离不开充足的资金支持，必须加大投融资体制改革力度，建立以财政资金为导向、金融资金为支撑、社会资本为主体的多元化资金投入机制。加大银行贷款、直接融资和债券融资支持重大项目建设的力度，发挥好自治区人民政府投资资金的引导作用，争取自治区在项目布局、资金安排、政策扶持等方面向五象新区倾斜，鼓励重大项目采取 PPP 模式和特许经营模式，加强PPP 项目的宣传推介，广泛吸引社会投资。支持基础设施和公用事业项目采取特许经营方式建设，落实好信贷、证券融资和政府投资支持等鼓励措施，促进特许经营项目早见成效。

（五）加强政策保障，加大项目扶持力度

充分发挥财政税收的作用，引导重大项目投资重点向实体产业

项目倾斜，建立多部门协同联动的重大项目用地保障机制，协商落实自治区重大项目用地。按照"统筹安排、集约用地、确保重点"的原则，统筹运用各项政策措施。用足用好"区位调整""增减挂钩""征转分离""先行用地"等政策措施，加大存量土地盘活力度，满足重大项目建设用地需求。培养精干的征地拆迁队伍，针对重点区域难点，做好群众思想工作，保证项目的土地供应。

总　结

五象新区拥有通往东盟国家便捷的海陆通道，且紧邻南宁吴圩国际机场，对外开放条件优越，是我国与东盟开放合作的前沿和窗口。五象新区位于泛北部湾、泛珠三角和大西南三大经济圈的接合部，与北部湾港口城市钦州市接壤，是北部湾经济区的核心区域、珠江－西江经济带的战略节点，在深化与东盟开放合作中具有突出地位和优势。在中新互联互通南向通道建设与完善中，南宁的区位优势更加明显，五象新区打造成为国家级新区更具发展潜力，但在创建过程中，应注意以下问题。

（1）从18个国家级新区的建设经验可以看出，国家级新区建设只有具备战略眼光，充分把握自身区位、资源、要素等优势条件，积极发掘自身比较优势，才能在新区建设上不断突破并取得成效。同时，新区与新区所在城市应充分协调，国家级新区建设在用地、资金、要素等方面应得到有力支持。国家级新区与周边省份要加强区域合作，充分体现国家级新区的战略定位，充分发挥服务于周边省份发展的战略作用。五象新区创建国家级新区要服务于广西乃至大西南和泛珠江区域发展，充分发挥自身优势，积极走对外开放道路，加强与东盟国家合作，积极打造"南宁渠道"。

（2）从指标数据的可得性来看，目标设定的指标数据归属统计口径，理论上数据是可得的，然而从五象新区现有行政部门的设置来看，由于统计部门尚未设立，因此在目标设置的初期，获得统计数据略有难度。从目标设置的增长速度来看，五象新区增长速度快于自治区平均水平，符合国家级新区引领带动区域经济发展、增强经济发展活力的定位，具有很强的可实现性，当然也不排除非人为特殊因素的存在而造成的影响。

（3）要加强五象新区产业布局统筹规划和科学引导，促进产业集群和全产业链整体发展。按照广西沿边金融综合改革试验区、中国（北部湾）自由贸易试验区建设要求，加快建设总部基地金融街、中国－东盟国际物流基地、南宁综合保税区、吴圩空港经济区等重点片区，加快总部经济、保税物流、临空物流、服务外包、文化旅游体育等产业集群发展。推进建立中国－东盟股权转让市场、东盟大宗商品离岸交易中心、中国－东盟经贸服务平台、跨境贸易电子商务综合服务平台等，深化与东盟国家在金融、经贸、物流、信息等领域的合作，打造面向东盟的区域性国际先进制造业基地和现代服务业集聚中心。

（4）五象新区在推进体制创新的同时，应通过机制创新把发展方向、关键重点和主观努力有机统一起来，树立"崇尚创新、注重协调、倡导绿色、厚植开放、推进共享"的理念，将五象新区真正打造成为国家级新区。开放是新区建设的根本出路，五象新区开放发展要按照自治区"四维支撑、四沿联动"的开放合作布局要求，大力实施全方位、宽领域、多层次的开放发展战略，突出平台支撑、产业支撑，不断提升"南宁渠道"的五象影响力。

（5）在经济发展进入新常态、传统优势弱化、新的优势和新的动能尚未形成的背景下，五象新区建设国家级新区的环境和条件已经发生了巨大的变化，这就要求五象新区建设要有新的举措、新的模式。建设中国－东盟（五象）书城、打造大型文化消费综合体、提升文化供给能力、满足群众文化需求，是提升五象新区建设品质和南宁城市文化底蕴的关键。

（6）国家级新区的建设发展离不开产业的培育，天津滨海新区、重庆两江新区、四川天府新区等国家级新区的建设发展过程都说明了这一点。国家级新区在建设发展过程中，要始终将产业的培育壮大作为实现新区可持续健康发展的关键抓手，大力培育特色优势产业，努力发展先进制造业和战略性新兴产业，推动新区产业规模不断扩大，加大龙头企业培育力度，打造一批专业特色明显、集聚效应显著的现代产业集群，为新区综合实力的不断上升提供核心动力。

（7）要素保障水平是一个地区经济发展的重要体现，国家级新区建设重在完善要素保障。在用地指标上，应加强协调，强化国家级新区用地保障。在资金保障上，应完善金融服务体系，防范规避金融风险，整合利用传统金融机构和互联网金融，为中小企业发展提供融资服务。在人才引培上，重点引进和培育国际高端人才、行业领军人物、专业技术人才、优秀企业家和先进企业管理者，改善人才待遇条件，既要"引得来"，又要"留得住"，加强后续人才建设，形成人才队伍梯队。通过加强三大要素的保障能力建设，改善创新创业环境，形成推动经济社会繁荣发展的强大后劲。作为首个国家级新区，上海浦东新区在产业发展方面着重打造国际金融中心，将金融服务作为重要的产业支撑，而随着金融危机的到来及其产生的后续影响，世界各国对制造业的发展更为关注。南宁市要成功创建国家级新区，必须突出发展先进制造业和现代服务业，尤其要重视生产性服务业和生活性服务业的发展，着力营造宜居、宜业的产业发展环境。

（8）从无锡新区、青岛高科园管理体制机制的变迁历程来看，在高新区创建初期，由于区域范围较小、管理职能较为单一，很多高新区采取了政府派出机构的管委会模式，这种相对独立、封闭的模式有着较高的管理效率，有力地推动了高新区的快速发展。但随着高新区的扩容，这种简约型的管委会模式逐渐出现了不相适应性，尤其是在资源整合、事务协调、社会管理、公共服务等方面无法满足新的要求，与行政区之间的关系也变得复杂。为了理顺两者的关系，破解发展困局，很多地方选择"区政合一"的路径，希望通过这种模式，一方面赋予高新区行政管理权力，强化高新区综合管理和社会发展的功能；另一方面赋予行政区优惠政策和灵活体制，促进本地经济快速发展。但从实际运行情况来看，不少地方"区政合一"中的"一"并没有完全到位，"区政"的相互干扰、无所适从却较为明显。从五象新区的实际来看，在推进五象新区建设成为国家级新区的过程中，"区政合一"是可以采取的经验，但是在"区政合一"过程中要注意对权力的监督和管理，防止权力垄断或者涣散。

参考文献

［1］《广西壮族自治区国民经济和社会发展第十三个五年规划纲要》。

［2］《广西壮族自治区人民政府办公厅关于改进重大项目推进机制的通知》（桂政办发〔2015〕105 号）。

［3］《国务院关于印发〈中国制造 2025〉的通知》（国发〔2015〕28 号）。

［4］《南宁市国民经济和社会发展第十三个五年规划纲要》。

［5］安虎森、周亚雄、刘军辉：《滨海新区产业发展路径分析——与浦东新区的对比》，《经济与管理评论》2012 年第 3 期。

［6］安晓静：《城市新区优势产业选择问题研究》，郑州大学硕士学位论文，2011。

［7］陈东、孔维锋：《新地域空间——国家级新区的特征解析与发展对策》，《中国科学院院刊》2016 年第 1 期。

［8］陈文晖编著《项目管理的理论与实践》，机械工业出版社，2008。

［9］国家政务案例研究中心：《湘江新区：中部地区首个国家级新区》，《领导决策信息》2015 年第 22 期。

［10］类延村：《重庆两江新区行政体制模式探索》，《重庆科技学院学报》（社会科学版）2011 年第 10 期。

［11］李翅：《城市新区发展的战略决策模式探讨》，《城市发展研究》2007 年第 5 期。

［12］梁妮：《南宁五象新区 2013～2020 年产业发展战略研究》，广西大学硕士学位论文，2013。

［13］林善炜：《国家级新区体制模式对福州新区体制创新的启示与建议》，

《北京城市学院学报》2014 年第 6 期。

[14] 刘桂英:《以主导产业为依托构筑滨海新区产业结构新优势》,《商场现代化》2006 年第 7 期。

[15] 刘莎、全峰梅:《从南宁区域性国际城市建设看五象新区规划》,《中共南宁市委党校学报》2012 年第 5 期。

[16] 刘武君:《重大基础设施建设项目策划》,上海科学技术出版社,2010。

[17] 马庚存、郑国:《城市化与新城区的社区建设》,《山东社会科学》2009 年第 3 期。

[18] 彭华园:《柳州高新技术产业开发区产业空间布局研究》,上海交通大学硕士学位论文,2010。

[19] 任小莉:《武汉新区产业集群功能优化研究》,武汉理工大学硕士学位论文,2011。

[20] 荣海山、梁立东:《宏观战略背景下的南宁市五象新区规划探讨》,《规划师》2012 年第 9 期。

[21] 苏宁等:《浦东之路:政府制度创新经验与展望》,上海人民出版社,2010。

[22] 孙椿睿:《南宁市五象新区产业发展研究》,广西大学硕士学位论文,2014。

[23] 唐拥军、李兴旺、叶泽、张国良主编《战略管理》,武汉理工大学出版社,2013。

[24] 王法成、范颖、余颖:《重庆城市新区规划编制与管理的实践探索》,《城市规划学刊》2012 年第 2 期。

[25] 王江、罗仕伟:《重庆两江新区旅游产业集聚发展模式探析》,《重庆科技学院学报》(社会科学版)2013 年第 10 期。

[26] 王金军、陈华:《国内外新城开发模式及机制比较研究》,《山东社会科学》2006 年第 9 期。

[27] 王利华、严金才、刘曙华:《广西南宁五象新区现代产业发展研究》,《广西经济》2013 年第 8 期。

［28］ 王林：《城市新区开发的经济模式研究——以贵阳金阳新区为例》，贵州大学硕士学位论文，2006。

［28］ 王茜：《铁岭市凡河新区发展研究》，东北师范大学硕士学位论文，2009。

［30］ 王战和、许玲：《高新技术产业开发区与城市社会空间结构演变》，《人文地理》2006 年第 2 期。

［31］ 吴云刚：《城市新区概念性总体规划研究探析——以南宁五象新区为例》，《广西师范学院学报》（自然科学版）2007 年第 3 期。

［32］ 夏征农、陈至立主编《辞海》（第四版），上海辞书出版社，2014。

［33］ 徐豪：《国家级新区：改革高地面临新挑战　专家：要避免同质化竞争，积极与国际接轨》，《中国经济周刊》2015 年第 31 期。

［34］ 杨劲松：《工业园区产业发展模式选择》，《上海经济研究》2006 年第 3 期。

［35］ 杨连燚：《新城城市发展动力机制探讨与实践——以佛山东平新城为例》，兰州大学硕士学位论文，2009。

［36］ 姚聪德：《国家级新区比较及天府新区建设的对策建议》，《经营管理者》2015 年第 6 期。

［37］ 叶昌东、周春山：《城市新区开发的理论与实践》，《世界地理研究》2010 年第 4 期。

［38］ 易忠、韩树林：《两江新区人才需求与重庆高校人才培养模式分析》，《重庆工商大学学报》（社会科学版）2012 年第 4 期。

［39］ 俞建群：《论中国特色区域经济新发展》，福建师范大学博士学位论文，2012。

［40］ 曾健：《A 房地产建设项目的可行性分析研究》，山东大学硕士学位论文，2012。

［41］ 张捷编著《新城规划与建设概论》，天津大学出版社，2009。

［42］ 张林兵：《对经济开发区产业规划模式的思考》，《中国新技术新产品》2009 年第 9 期。

［43］ 张颖：《国家级新区发展问题研究——以大连金普新区为例》，《对外

经贸》2015 年第 11 期。

［44］赵立兵：《重庆两江新区行政管理体制改革路径》,《重庆与世界》
2011 年第 9 期。

［45］郑德高、陈勇、王婷婷：《舟山群岛国家新区发展战略中的"央、
地"利益权衡分析》,《城市规划学刊》2012 年第 7 期。

［46］邹玉娟：《深圳特区、浦东新区与天津滨海新区经济发展模式比较》,
《未来与发展》2013 年第 9 期。

后　记

国家级新区建设是实施国家战略、推动深化改革、带动区域发展的重要举措，是承担国家重大发展和改革开放战略任务、落实改革开放政策的战略平台和关键载体。南宁五象新区位于南宁市主城区南部、邕江南岸，是中国－东盟信息港的核心基地和北部湾经济区的核心区域，推动南宁五象新区加快建设成为国家级新区，有效提升南宁城市首位度，充分发挥"南宁渠道"作用具有重大意义。

本书在写作过程中，得到了广西社会科学院研究员、广西产业与技术经济研究会会长杨鹏的热心指导和帮助，提升了研究的深度和广度。广西壮族自治区工业和信息化厅高级经济师张鹏飞、广西宏观经济研究院高级经济师尚毛毛以及广西产业与技术经济研究会文建新、凌琼、陈光忠等从不同角度给予了大力支持和帮助，在此表示衷心感谢。

南宁五象新区建设成为国家级新区是新时代南宁经济社会发展的重要任务，是有效发挥广西"南向、北联、东融、西合"战略的有效载体。本书主要研究五象新区建设成为国家级新区的总体规划，系统分析五象新区建设成为国家级新区的战略目标、战略任务、重大项目等，远不能满足五象新区建设的实际需要，新时代背景下，五象新区建设面临新的机遇和挑战。

本书撰写过程中难免有疏漏，恳请各位专家和学者批评指正。

图书在版编目（CIP）数据

新格局·新空间：南宁五象新区打造国家级新区研究／李瑞红著. -- 北京：社会科学文献出版社，2020.7

ISBN 978 - 7 - 5201 - 6328 - 6

Ⅰ.①新… Ⅱ.①李… Ⅲ.①经济开发区－区域经济发展－研究－南宁 Ⅳ.①F127.671

中国版本图书馆 CIP 数据核字（2020）第 036210 号

新格局·新空间
—— 南宁五象新区打造国家级新区研究

著　　者／李瑞红

出 版 人／谢寿光
组稿编辑／恽　薇
责任编辑／冯咏梅

出　　版／社会科学文献出版社·经济与管理分社（010）59367226
　　　　　地址：北京市北三环中路甲 29 号院华龙大厦　邮编：100029
　　　　　网址：www.ssap.com.cn
发　　行／市场营销中心（010）59367081　59367083
印　　装／三河市尚艺印装有限公司

规　　格／开　本：787mm × 1092mm　1/16
　　　　　印　张：13.25　字　数：177 千字
版　　次／2020 年 7 月第 1 版　2020 年 7 月第 1 次印刷
书　　号／ISBN 978 - 7 - 5201 - 6328 - 6
定　　价／138.00 元